超级询问法

崔业松◎编著

国家一级出版社 中国纺织出版社 全国百佳图书出版单位

内 容 提 要

爱因斯坦曾说："提出问题比解决问题更重要。"学源于思，思源于疑，"询问"这一方式适用于各种事项和所有关系，包括婚姻家庭、业务往来，而不仅仅限于自我提升。

本书介绍了日常沟通中如何询问，询问时应该注意哪些问题，不同情境该问什么问题，以及各种具有实操性的询问技巧，以生动的语言、丰富的案例，教你问什么、如何问才可以在交际场合中游刃有余，获得沟通主动权。

图书在版编目（CIP）数据

超级询问法 / 崔业松编著. —北京：中国纺织出版社，2019.7（2024.7重印）
ISBN 978-7-5180-6005-4

Ⅰ.①超⋯ Ⅱ.①崔⋯ Ⅲ.①语言艺术—通俗读物
Ⅳ.①H019-49

中国版本图书馆CIP数据核字（2019）第052906号

责任编辑：闫　星　　特约编辑：王佳新　　责任印制：储志伟

中国纺织出版社出版发行
地址：北京市朝阳区百子湾东里A407号楼　邮政编码：100124
销售电话：010-67004422　传真：010-87155801
http：//www.c-textilep.com
E-mail：faxing@c-textilep.com
中国纺织出版社天猫旗舰店
官方微博http：//weibo.com/2119887771
永清县晔盛亚胶印有限公司印刷　各地新华书店经销
2019年7月第1版　2024年7月第4次印刷
开本：880×1230　1/32　印张：6
字数：180千字　定价：48.00元

凡购本书，如有缺页、倒页、脱页，由本社图书营销中心调换

前言

哲学家苏格拉底经常说：“其实我一无所知，我只是善于询问而已。”会问的人并不是真的无知，而是拥有一种大智慧。生活中所有的真理，都是在这种不断询问中获得的。善于询问的人，往往可以发现别人所发现不了的事情，从中获益；善于询问的人，他们可以有非常新奇的发明，源源不断的创造力；善于询问的人，他们的成就源于强烈的好奇心，所以更容易发现问题。大到历史的沿袭，小到个人的成长，无不是通过询问而得，通过询问可以很好地了解这个世界、了解自己，从而更容易获得成功。

《礼记·学记》曰：“善问者，如攻坚木，先其易者，后其节目。”若要敏而好学，则需要不耻下问。在对知识的无限追求中，应该多询问，一问不得，不妨再问。喜欢询问的人，只做了五分钟的愚人；耻于发问的人，终身为愚人。正如杨澜所说：“询问，是人类智能的重要标志；询问，也是我们的个体生命独立思维的表现。”事实上，询问不仅使我们自身大受裨益，对建立和谐的人际关系也有重要意义。

真正的说话高手，都是善于询问的人。日常交际中，人与人之间的语言交流往往少不了询问，询问可以获取信息，可以促进交流。一个善于询问的人，不但可以掌握沟通的进展，而且可以控制沟通的方向，敲开对方的心扉，拨动对方的心弦。有的人在沟通中擅长说话，这样不用担心冷场，而且可以讲得很精彩；有的人擅长询问，虽然他说话不多，但往往能提出一些较为深刻的问题，震动对方身心，从而打开一个新的世界。在日常沟通中，相比回答对方的问题，我们应该更注重的是帮助对方问出正确的问题，并引导他找到答案。

当然，会询问也并非那么容易的事情。说话有禁忌，询问也有敏感点。生活中，对他人的询问要考虑后果，三思而后问，别张口即来，你的询问要具体，要让对方听得明白，不会对你的问题产生抵触，这样我们才能容易获取到自己想知道的信息。当然，我们的询问也需要讲究先后顺序，先从对方比较熟悉的、容易回答的问题开始，注重问题的逻辑关系，这样既方便对方回答，又便于自己得到想要的信息。

编著者

2018年2月

目录

第 01 章

你真会询问吗？好的问题让你事半功倍

生活中，为什么那些会询问的人后来都成功了？因为一个人提出正确的问题往往等于解决了问题的大半。擅长询问具有强大的力量，它可以改变自己和周围人的人生轨迹，使大家朝着更好的方向发展。好的问题，往往会让我们做事事半功倍。

没有问题，就努力去问

在日常沟通中，问与答是最常见的方式，在大多数人的思维里，作出良好的回答方能实现有效的沟通，但他们都忽略了在沟通中善于询问才是最主要的。毕竟，善于询问，可以令自己处于沟通的主导地位，从而更利于使整个沟通趋向于自己所设想的方向。而且，善于询问，往往会适时敲开成功的大门。

普列汉诺夫说："有教养的头脑的第一个标志就是善于询问。"那么，如何才能做到善于询问呢？其关键在于询问的语言表达方式，很多时候，一些人所提的问题太笼统，或者所提的问题没有实质性的意义，这都是因为其没有使用恰当的表达方式，没有抓住问题的关键。

通过询问，李四光揭开了地质学的奥秘，对此，他说："不怀疑不能见真理，所以我希望大家都采取怀疑态度，不要为已成的学说压倒。"

如何培养自己善于询问的习惯呢？

1.有问题就要大胆提出来

我们所处的世界，存在着许许多多我们难以理解的事物。也许，我们所思索的许多问题都只停留在知识的表面，甚至有些是相当幼稚的，但是，我们千万不要认为这些问题是“没有必要询问的”，甚至惧怕这样的问题会受到别人的嘲笑，而要保持询问的热情，只要有了问题就应该大胆提出来。

2.要有怀疑的精神

也许，别人会告诉你“这就是真理”“这是唯一正确的标准答案”，然而，无论是面对任何真理，还是所谓的正确答案，我们都应该持有一种怀疑的精神。正如李四光所说，“不怀疑不见真理”，只有经得起检验的理论才是真正的真理，而怀疑不过是检验中的一个步骤而已。有疑问就要提出问题，尤其是提出一些自己尝试解决而不能解决的问题，真正培养自己科学的态度和探索的精神。

3.积极思考

培养自己询问的能力是一个循序渐进、逐步提高的过程，我们应该积极思考。在学习或工作中，我们常常会遇到一些不懂、难懂的地方，这就是所谓的疑问，也是我们感知过程的障碍。我们要想获得知识，就必须跨过这些障碍，解决这些疑问。因此，发现问题、提出问题是我们必然要经过的过程。善于询问，不仅可以开发我们的大脑，有效地提高智商，还能够使我们在解决问题的过程中获得一系列知识。

询问，是有效沟通的开始

询问，往往是有效沟通的开始，同时也是建立和谐人际关系的开始。因为询问越多，我们所获得的对方信息就越多，就越能找到与对方聊的“共同话题”，就越能走进对方的心里。每个人都有自己的兴趣，都对和自己有共同兴趣的人有着特殊的好感。当我们通过询问获知对方的喜好时，不妨适时表现出来，当对方听到你对他的兴趣爱好也这么感兴趣，还如此了解的时候，他就会产生“同好”心理，而对你倍感亲切。

比如，在餐馆里点菜时，问服务员：“今天的龙虾好不好？”这确实是一句没必要问的废话，因为服务员一定会说好，除非你是那里的常客。但是，假如你换一句问法：“今天有什么好的海鲜？”那就会产生不同的效果，你应该可以吃到真正的海鲜。因为这两句话会引起两种截然不同的心理反应。前面一个问题只有好或不好两个答案，服务员为了顾全店里的招牌，肯定不会说不好，况且好与不好也没有固定的标准。而后面一个问题却定义广泛，甚至可以回答：“今天没有什么好的海鲜，不过今天的烤鸭又肥又嫩，值得一尝。”此外，服务员见有人向自己请教式询问，在很大程度上满足了自尊心，自然会将最好的菜推荐给你。

许多拜访过罗斯福的人，都会对其广博的知识感到惊奇，他身上还有个格外的特点，那就是喜欢询问，和谁都有共同话题。不管是面对政客，还是外交家，罗斯福都能有效询问，知道与他们谈论些什么。有人问罗斯福是如何做到这一点的，他回答：“我每接见一位来访者，都会在这之前的一个晚上阅读有关这位客人特别感兴趣的东西，以便找到共同的话题。”

在日常社交中，我们经常可以发现那些生性内向、腼腆害羞、郁郁寡欢的人往往一个人躲在角落里。这时我们不妨以有效询问的方式，将对方拉入圈内。假如对方因紧张而无法融入圈子，那最好采用反客为主的方法使其成为谈话的中心。毕竟，每个人在谈论自己的时候，往往都会放松心情，那些内向者更是如此。

那在日常交际中，我们应该如何有效询问呢？

1.协商询问

如果你希望别人按照你的意愿去做事，就应该用商量的口吻向对方提出。比如，你需要起草一个方案，等到你将自己的意图说清楚之后，可以顺便问一句："你看这样写是否妥当？"

2.选择询问

朋友之间多用这种询问方式，同时，也表明询问者并不在乎对方的选择。比如，一个刚认识的朋友到家里做客，但你并不知道他的口味。那么，你不妨问："今天吃什么？红烧鱼还是炖排骨？"

3.委婉询问

比如，男孩爱上了女孩，不过他并不清楚女孩是否同样爱自己，但这样的话又不好直接说。于是，男孩会委婉地提出："我可以陪你走走吗？"假如女孩不愿意交往，那她的拒绝也不会使双方难堪。

4.限制询问

据说，香港一般茶室的侍者在客人点可可时，都会询问客人："要不要放鸡蛋？"心理学家却建议，侍者不要问

“要不要放鸡蛋”，而应该问：“放一个鸡蛋还是两个鸡蛋？”这样一来就将对方的选择性范围缩小了。这种询问技巧目的性很强，它可以帮助询问者获得较为理想的回答，使被问者拒绝的概率大大减小。

思维灵活，询问更有创意

一位心理学家称，每个人都容易羡慕别人，因为在比较中，你总会发现比你优越的人。很多人不禁感叹，自己何时能赶上别人，能买房买车，能一夜暴富？世界著名的成功学大师拿破仑·希尔著有《思考致富》一书，在书中，他提出是“思考”致富，而不是“努力工作”致富。希尔强调，最努力工作的人最终不一定会富有。如果你想变富，你就需要“思考”——是独立思考，而不是盲从他人。对于多数人来说，把问题和金钱联系在一起的，就是创意。

每一个人都需要锻炼自己的头脑，扩展自己的眼光和思维。因为这是一个脑力制胜的年代，谁的问题更高明，更有效，谁就更容易提升自己的价值，获得财富的垂青。年轻人不应拜金，但是，对财富的追求，对财富的渴望，绝不可消弱。这不仅是改善生活的需求，更是激发大脑潜能、调动大脑思维的最原始的动力。

每个人都有独立的思考能力，当你把这种能力转变为创意时，你的生活现状也许就会发生质的改变。商人说，创意无法标价，因为它实施后所创造的价值是不可估量的。卡耐基说，年轻人在刚刚步入社会时，一般很难立即拥有发财致富的机遇，这也符合踏实肯干、付出才能有所收获的道理。也许我们此时实力不足，但如果能用好创意，常常会达到事半功倍的效果。

创意人人都有，但它更青睐于细心观察生活并随之跟进的人。创意是改变生活的加速度，它不是一件实实在在的产品，而是一种另辟蹊径的思维方式。思路决定财富并不是一句空话，处于困境中的人，如果有心要撬动财富的世界，改变自己的人生历程，只要头脑灵活，感觉敏锐，创意就是他手中最有力的一根杠杆，它可以影响人生的成就和财富的流向。

1.要有创意

创意不是高深的科学技术，它的起源常常是有心人的积极询问，它不需要经过严谨的学术训练和精密的理论论证。对于创意，任何一个人都可以与之亲密接触，我们在自己的实力不足的时候，如果能有好创意，常常会达到事半功倍的效果。

2.灵活的思维

很多时候，一个好问题，花费不多，却拥有点石成金的力量。只有看到别人看不到的东西，才能做到别人做不到的事。灵活的头脑和卓越的思维为我们提供了这种本领，深入地洞察每一个对象，就能在有限的空间成就一番可观的事业。

好的询问，可以让你掌握先机

在沟通过程中，为了有效地促进交流的顺利进行，必须经过询问和回答这一环节。因此，适当地询问以及灵活地回答对方问题，便可以称为说话之道了。沟通是两个人的互动，也就是彼此交换想法和意见的一个过程。但是，如何恰到好处地询问？如何巧妙而又灵活地回答对方的问题？这确实是大多数人都担心的问题，毕竟，一旦询问不当、回答出错，就有可能导致整个谈话的失败。不过，面对这样的难题，我们应该首先问自己：我善于询问吗？

哲学家说："聪明的有教养的头脑的第一个标志，就是善于询问。”可以说，询问是沟通过程中最尖锐的利器。询问，可以帮助你了解更多对方的信息，而且你所掌握的情况远比对方知道你的情况要多，这样你自然就把握住了先机。

那么，如何做到善于询问呢？

1.让对方有话可说

一位电视记者采访一位美籍华裔运动员，由于其母亲是上海人，所以，这位记者连续发问：“你母亲是上海人吗”“你这次要去上海吧？”“在上海准备见你的亲戚吗？”面对这些询问，运动员只能一次次重复地回答“是”。其实我们可以设计一个好的问题让他介绍自己受亲戚接待的情况并说说上海之行的感受。

2.顺势而变

1979年，上海市友好代表团访日，当时日本大阪府竞选刚结束，岸昌先生被选为知事。在会见代表团前半个小时，日本记者访问岸昌，这时一个记者问：“你为什么急于会见中国代表团？你对新任知事有什么感想？”对此，岸昌笑而不答。这时记者所需要采用的智慧询问应是顺势而变，努力打破僵局。

3.旁敲侧击

通过询问借以观察对方的反应和态度，从中窥探出自己想知道的信息。在某些情境中，对方不回答本身也就是最好的回答。

打破思想瓶颈，财富是问出来的

陈旧的思想就好像负能量一样会拖住我们前进路途的步伐，这时就要敢于询问。当我们想要再向前走一步的时候，那些陈旧的思想就开始做出阻碍的动作了。事实上，无论我们做什么事情，如果你总是在别人用过的套路中打转转，那只会束缚自己的思维，这时你应该做的，就是跳出框框，别被固有的思想禁锢住。如果经验在大脑里越积越多，就会形成一种思维定式，人们总习惯用自己的价值标准和思维定式来评判事物，其实，这就是所谓的“思想僵化”。

通常情况下，越是在机遇面前，一个人的心理越是趋于保守，他就越容易陷入困境，很难去做任何事情。生活在这个变化莫测的世界，时代总是向前，逆水行舟，不进则退，如果你不愿意创新自己的思想，总有一天，你将会被这个社会所淘汰。

我们千万不要被固有思想的框框套住，而应学会逆向思考，开拓思维，巧妙解决难题。人和动物最根本的区别在于有思想、有思维活动，但是，思想也是需要推陈出新的，有了好的思维，我们才能创造出源源不断的正能量。否则，总是被固有的陈旧思想束缚，只会一事无成。

上帝在关上一扇门的同时，必然为你开了另一扇窗。当我们过着熟悉的生活的时候，总是害怕会被改变，但是，许多灾难、横祸是无法阻挡的，能改变的唯有我们的思想，以及我们的内心的胆怯。不要去在乎自己失去了什么，哪怕是工作、房子、信用卡，无论我们的生活发生了怎么样的巨变，我们都可以从头开始自己的人生，甚至，你会登上新的高度。

1.拥有新思想

新思想是击破思维定式的有效武器，无论是在询问的开始，还是在其他某个环节上，当我们的思考活动遭遇了障碍，陷入了某种困境，难以再继续下去的时候，我们都需要思考一下：自己的头脑中是否有了固有思想在起束缚作用，自己是否被某种思维定式捆住了手脚？

2.财富是问出来的

询问能力其实就是推陈出新的能力。有人说：“财富是问出来的。”其实，一个人要想成功，不仅要养成思考的好习惯，还需要不断地创新自己的思想。开阔思路，扩展思维，这样，你才能更大限度地获取有益的信息，从而促成自己获得辉煌的成就。那些敢于冲破固有思想的人，永远不会跟随众人的思维模式，而是独辟蹊径解决问题，那是他们身上的一种特质。

第02章

询问前的准备：作好准备方能以策万全

询问，并不是想问就问，张口即来，而是需要作好充分的准备。我们在尚未面对沟通对象之前，应该仔细思考：问一些什么样的问题、先问什么后问什么、在什么场合问、在什么时间问，等等，作好询问前的准备，才能以备不时之需。

想好应该问哪些问题

对于那些主持人而言，在访谈节目中设计问题越多越充分就越好。美国哥伦比亚广播公司的名牌节目《60分钟》的主持人麦克·华莱士在采访邓小平之前，足足设计了一百个问题，不过采访中真能用到的只有十来个。在日常沟通中，我们在设计问题时也应该建立一个合乎逻辑的结构：开头、中间、结尾。询问就如写文章一般，起承转合，问题与问题之间需要有内在、有机的关联。

一个被引为经典的，是白岩松采访潘虹的经历。采访时潘虹已经十分疲惫，也就一边放松自己，一边漫不经心地回答白岩松的提问。白岩松见此情形，为了把潘虹的情绪调动起来，如此问道："过去你与刘晓庆是中国影坛的双子星，现在她靠经商继续保持知名度，巩俐异军突起，一颗新星冉冉升起。你却是默默的。你打算东山再起呢，还是默认现状？"这个问题如此具有挑战性，让潘虹一下子从疲惫中振奋起来，进入了节目状态。

1.找到询问的切入点

不管是自己还是对方，在沟通正式开始之前，都有一个逐渐进入沟通状态的过程。我们作为询问者，是发起询问的一方，必须把握好切入话题的技巧，以形成与对方的良好关系，让对方快速从陌生感中出走，进入语言沟通的和谐情景。当然，由于不同的沟通对象有不同的经验和感受，这种策略必须视提问对象而定。

2.找到对方感兴趣的问题

我们在日常沟通过程中，需要根据自己对整个背景、当前局势的把握，以及对对方心理的把握，找准兴奋点，提出具有足够话题性和关注度的问题，从而推动沟通的深入，使自己与对方建立和谐的关系。

3.询问方式要多种多样

语言中有多种询问方式，如正问、反问、设问、侧问等，这些都可以在实际沟通中采用，而且应当综合运用。这些询问方式的综合运用可以帮助我们建立并发展良好的谈话氛围，使谈话变得有趣、有立体感。正问就是直截了当地对对方进行询问，这是一种直接、坦诚，不乏思想交锋的询问方式。如杨澜曾采访姚明说：“难道那时候你没觉得乔丹是你心中的偶像？”设问，假定一个情境，把问题推向一个极端，使对象无从回避而只能实话实说。又比如，柴静在节目访谈中，曾问整形专家：“你是说，就算以你们现在的资质跟技术，你们也没有办法保证？”这时对方只能实话实说。侧问就是讲究策略，在不便于直接发问的情况下，迂回作战，以得到对方的回应。这是在对方没有进入沟通情境，或是有意回避事实真相时可以采用的询问方式。综合采用各种询问方式，能使沟通更深入，方便达到我们预期的目的。

有的问题不必问得太过于详细，否则对方会感到无话可说，只好说：“对，是这样，你说得对。”好的询问是让自己与对方产生一种“回合感”，“回合”的境界是美妙的，但“回合”只会产生在好的询问所诞生的好的对话机会中。

如何做好询问准备工作

俗话说：“凡事预则立，不预则废。”我们在询问之前还应该做好准备工作，这样在询问时才能应付自如、游刃有余。在日常沟通中，许多能说会道之人，说起话来头头是道；有的人却吞吞吐吐，磕磕巴巴，词不达意。为什么会出现这样的差别呢？这就在于说话者是否做好了良好的准备。有针对性的询问，前期准备包括熟知说话对象，搜集相关资料，明确自己的主旨，创造说话机会，设计询问细节，等等。正所谓“知己知彼，方能百战不殆”，对于询问而言，也是如此，做足了准备，你才可以问得更好。

一位著名主持人曾总结说：“在每次访谈人物之前，我都会努力地去搜集对方的资料，越详细越好。对资料熟悉之后，我就会试着提出几个问题，然后自己站在访谈者的角度来回答这个问题，这时正好可以将不好的一些问题删除掉。这样在删除或增加之后，问题就更加精练或丰满了。而且在练习的过程中，我对这些问题都非常熟悉，自然可以在采访时做到胸有成竹。”

一位著名的访谈节目主持人曾经说道：“这是一个信息资源共享的年代，而访谈类节目在播出的时间与事件发生的时间的关系上远远不及新闻平面媒体以及网络传播及时。所以我们前期不仅要熟悉当事人的经历、职业、专业特长、文化素养，还需要了解他的性格、爱好、家庭、语言表达状况等等。”

我们都知道，访谈类节目主持人在节目录制之前通常是不与被采访的嘉宾见面的，而节目呈现出的沟通状态是双方如朋友一样聊天，这样的交流才可以引起受众的共鸣，同时也可以让被采访者进入一个非常好的聊天状态。访谈类节目可以体现主持人的风格，面对同一件事，同一个采访对象，不同的主持人会根据不同的角度询问，假如人云亦云，那就会完全失去访谈类节目中主持人的重要作用。

如何问出新颖的问题呢？

对此，一位著名的主持人说道："主持人要对自己搜集的资料进行广泛的了解，然后通过不同角度的分析得出自己的见解。即对各种材料不应满足于现象的罗列、堆积，而要进行消化、研究，然后总结出自己的观点，这是资料准备中更关键的一步。主持人通过搜集大量的材料对所要采访的对象做到心中有货，与采访对象就有了共同话题，有了沟通心灵的基础，有了平等对话的位置，这样就可以避免在实际访谈中泛泛而谈，而访谈的内容也会更深入更新颖。当然，唯有如此，才能使人物专访重在对人物内心世界的关注，其精神品格、人生感悟、赢得成就的心路历程、人物的独特风貌都将给所有的观众以生动感人的启迪。"

在生活中，许多人有这样难堪的经历，有时候一些问题不是出于本心，但偏偏一不留神就问了出来，然后就开始后悔自己为什么口无遮拦，紧接着给对方道歉。举个例子，某位女士在一次同学聚会上，明明知道同学的公司因金融风暴陷入了危机，她却这样询问：“你的公司最近还顺利吗？”真是哪壶不开提哪壶，尽管话一出口，她就后悔了，却已经使得同学的情绪很不佳。

那么，在日常生活中，我们应该如何作好询问准备呢？

1.明确问什么问题

首先我们需要明确自己的询问目标，包括最大的目标、期望目标以及可以接受的目标。比如，这次沟通你准备向对方提出什么问题，同时思考从哪个角度切入这个问题。

2.排好问题的先后顺序

询问是有先后顺序的，要逐层深入，由表及里，这样我们询问时才能胸有成竹，并成功将对方的思路导向我们所希望的方向。假如你东问一句，西问一句，不仅自己毫无头绪，也会使得对方摸不着头脑，那么就会影响整个沟通过程。

3.先了解对方再发问

资料搜集应是针对双方的，既要搜集对方的资料，也要搜集自己的资料。比如，销售员在推销产品的时候，需要更为详细地了解自己的产品信息、介绍资料、评估资料以及各种文件等等，掌握好了产品的相关信息，再搜集客户的性格、爱好等基本信息，这样就可以有的放矢地询问了。

4.选择恰当时机和合适地点

在日常沟通中，假如我们需要向对方询问，尽可能避免选择对方心情不佳或繁忙的时候，当然，自己也要保持良好的精神状态。此外，还需要选择合适的地点，因为人在自己熟悉的环境里会感到更舒适、更坦然、情绪更好，所以地点要选择双方或者自己比较熟悉的地方。

总而言之，我们在询问之前，一定要多想想，应该问些什么，不应该问些什么，事先作好准备。其实，只要我们在询问之前作好充分的准备，就可以问得更好。

询问之前收集详尽的信息

在进行正式沟通之前，我们应该通过搜集信息、留心观察来了解对方的心理状态，这是我们完成询问十分重要的一个环节。通常情况下，对方的心理状态大致可以分为愉悦、不愉悦两类。对方心理若是保持愉悦的状态，那往往对方在言行中也表现出对我们的尊重和信任，从而情绪饱满，积极认真地回答我们提出的各种问题，这自然是令我们感到十分高兴的局面；若遇到对方不高兴的时候，那他们情绪消极，勉强作出被动应答，这样的情况，确实会令我们感到难堪。

对于我们的询问，对方如果不好回答，或是不想回答，我们要针对具体情况，寻找突破口，并运用恰当的语言表达方式来缓和气氛，同时调整自己的心理状态，让对方感到你是善意的。

1.先寒暄几句

在设计询问的时候，需要把一些容易切入的问题放在前面，以自然的方式让对方进入状态。尤其是遇到陌生人的时候，刚开始交谈时，他们都会显得比较窘迫、紧张不安。这时我们可以与对方聊聊天气等等这些比较轻松的话题，消除对方内心的紧张和恐惧感，为接下来的深入沟通作好铺垫。

2.问题需要相互关联

问题与问题之间需要有着逻辑上的关系，应该是逐层递进，逐层深入。这样一来，我们不用过多的言语，就能从对方的回答中领会问题的实质。如果问题之间的逻辑是混乱的，那么我们就很难明白沟通的主旨了。另外问题的大小、难易程度要合理搭配，张弛有序，节奏明快。通过一问一答形成良好的节奏感，从而烘托出轻松欢快的气氛。

3.寻找共同话题

在沟通过程中，我们要善于发现自己与对方的相似点，如相似的经历、相似的爱好等，从而以此作为切入点，来赢得对方对自己的好感，以增加双方的亲切感、认同感。在面对面交谈的时候，我们要面对不同身份、不同背景的沟通对象，只有用心地找到与每一位交谈对象的契合点，才能给对方亲切友好的感觉。

4.多准备开放式问题

在询问过程中，我们可以准备一些开放式问题，让对方有发挥的余地，同时要及时地从对方的言谈中发现新的线索，并紧紧地揪住在谈话中不断涌现出来的这些新线索。另外潜意识里要有“质疑”的精神，曾任中央电视台《面对面》主持人的王志在采访美国新闻集团董事长兼首席执行官鲁伯特·默多克时，就充分展现了他质疑的个性。

王志：您到底能给中国观众带来什么？

默多克：就希望带给他们很好的娱乐，给他们带来惊奇，带来快乐……当然我们会尊重中国人的文化，中国人的趣味。

王志：中国对你来说是一座金矿吗？

默多克：不，我们不是来掠夺中国的资源的，我们是对中国提供某种贡献的……

这样的质疑就会使问题的本质更加清晰地呈现出来。

如何通过询问展开话题

沟通是信息传递的重要方式，通过沟通，信息在谈话双方之间得以传播。在整个沟通过程中，“聊什么”和“怎么聊”受限于“和谁聊”，作为话题的发起者，你想要展开谈话，不要忘了你的对象是谁。

假如这是一次重要的沟通，你在迫不及待地开始张口或是脑中一片空白、不知道说什么之前，停下来问问你自己三个问题：第一，目标是什么？是为了达成共识，为了获取信息，还是为了传递信息？至少要进展到什么程度？第二，沟通对象是谁？他是什么角色，对他了解多少，为什么要找这个人沟通？第三，假如见面后一时找不到共同点，你又给自己准备了什么话题和切入点？上面的三个问题，假如你回答不上来，那表示你根本不知道自己在做什么。假如你可以清楚这三个问题的答案是什么，那说明你对这次沟通的理解已经有了足够的深度。

在日常交际中，我们要善于用寒暄将对方带进话题空间。而且，大多数人在沟通时都喜欢谈论那些无关紧要的事情，如“今天天气不错”“早上你吃了什么”，显然这都是一些询问。既然寒暄也是从询问开始的，那就不妨巧妙询问，让双方的沟通深入发展。

通常的人际交往定会有一定的交际目的：增加感情或达成一定的共同协议。那这样的交际定会有一个话题，围绕这个话题，我们才能顺利地达到自己的交际目的。因此，在一开始寒暄时，我们就要善于将对方带进话题空间，让对方可以围绕这个话题尽可能地多聊他自己，我们才有机会进行更深层次的沟通。需要注意以下几点：

1.问题要对

在日常交际中，我们要想将对方带进话题空间，那就需要找准契合话题的询问。比如，我们想说的话题是产品的特点，那我们的寒暄一定要围绕这个话题展开，而不是漫无边际地去聊天气、聊各自的兴趣爱好。只要我们找准话题，那对话定会围绕这个话题展开，适时双方就可以围绕这个话题达成一个协议。

2.想办法通过询问打开对方的话匣子

在日常交际中，经常会出现这样的情况：人们对于谈论他人的话题，总显得心不在焉，不是摆弄手机，就是四处张望。但是，一旦话题转到了自己的身上，其内心就激起了一种谈话的欲望。毕竟，每个人都希望自己被重视。那么，在交谈中如何打动对方？最好的方法当然是让询问的话题围绕对方展开，打开了对方的话匣子，还愁打不开对方的心扉吗？

3.别总谈论自己

在生活中，大多数人在寒暄时都喜欢谈论自己，从嘴里不断地蹦出“我今天……”“我觉得……”“我买了……”，这样的一种沟通只会让对方变得沉默，甚至哑口无言。其实，最有效的沟通就是让对方尽可能地聊他自己，这样大家都欢喜，他满足了想表达的欲望，你则以自己的“善解人意”打动了对方。

第03章

找准切入的点：问题有意义才能得到有效回答

日常沟通中，要想询问得到很好的效果，就必须找准切入点，精心设计问题，只有你的问题有意义才能得到对方的有效回答。好的问题，总是令对方乐意开口，而自己也能从对方的回答中有所得。

沟通失败，是因为你没问到点子上

你是否自我服务偏差？在日常交际中，许多不擅长询问或在询问过程中遭到挫折的人，经常会为自己找很多理由和借口，如“他根本没办法沟通，我跟他没什么话可谈的”“昨晚没休息好，今天根本没心情交流”“今天天气很差，以至于我无法提出精彩的问题”等等，这种自我逃避，将责任推到别人身上，就是典型的自我服务偏差。

王珂想自己买辆车，但手头的钱还差点，他希望父亲能够支持自己。于是，他与父亲开始了以下对话：

王珂：“爸爸，我想买一辆车，但是我手里还差一点儿钱，能借我点儿吗？”

爸爸：“你有驾照吗？没驾照是不能开车的。”

王珂：“我早就考了驾照了，现在我就是手头差点钱，如果你能支持点，我就可以支付车子的首付了。”

爸爸：“你为什么要买车呢？”

王珂：“我上班很不方便，地铁太拥挤了。”

爸爸：“要不我送你上班吧！或者你开我的车，我坐单位的班车。”

王珂：“我不想开你那辆车，太老式了，又费油。”

爸爸：“那辆车我刚买不久，还很新呢！”

王珂：“不了，我同事有辆车正在卖呢，价格也不贵，我打算买下来。”

爸爸：“我的车怎么了，开我的车还嫌丢人了？”

王珂：“我就是不想开你的车。”

最后，父子俩吵了起来。问题的根源在哪里呢？问题就在于王珂没有意识到问题的关键所在，他询问的关键应该抓住“借钱”，从这个点开始询问，才能达到自己的目的，比如，他可以询问：“爸爸，你能借给我5万元钱吗？”这样跟爸爸讨价还价，兴许爸爸能借给他3万元。所以，在询问的过程，要善于发现问题的关键所在，然后对症下药，才能解决问题。

有一家大型的外资公司，员工们对公司的待遇都感到十分不满意。公司领导得知了这一情况，却无动于衷，不愿意去改善员工们的待遇。在这位领导的眼里，这些员工都是智力平平之辈，能力上更是乏善可陈，并且对公司没有认同感，在工作上缺少应有的激情，没有必要为他们浪费太多的金钱。当别人对他提出意见的时候，他就说："我能收留你们就不错了，就你们这样的工作能力和做事态度，哪一个公司都不会要的。"

工人们的工作热情更加低落了，经常出现迟到的现象。为了调动大家的工作激情，秘书准备向老板提议改善员工的待遇。他这样对老板说："现在公司的大部分员工简直是没有办法到公司上班了。"

老板问："为什么呀？"

秘书说："坐出租车吧，价钱太贵坐不起；坐公交车吧，又经常挤不上车；而且每月的交通费是一笔不小的开支，他们根本没有能力解决这一问题。"

秘书说完就叹了口气，一脸无可奈何地看着老板。老板却说："那就让他们安步当车吧，一文不费，而且可以借此运动身体，不是一个很好的办法么？"

秘书摇了摇头说："不行啊，把鞋袜磨破了，他们买不起新的。不如这样吧，请您发出一个告示，提倡光脚走路，号召大家赤脚走路上班，这个问题不就解决了么？要怪就怪他们生不逢时，生活在这个年代。谁让他们不去想发财的门路，却当苦命的职员？他们坐不起出租车，也不能鞋袜整齐地到公司上班，都是咎由自取！”

这位秘书边说边笑，老板听了心理总感觉不是滋味，最后终于答应改善下属的待遇。

这位秘书找准了关键点：让领导改善下属的待遇。所以，他并没有直冲冲地去劝说领导改善下属待遇，而是用开玩笑的询问方式含蓄地进行劝说。在劝说的过程中，他没有说老板的一句不是，而是用嘲笑下属的形式来显示出他们的苦衷。这种语气虽然是开玩笑的，但实质上是在劝说老板不要太苛刻和吝啬，应该照顾一下员工们的生活。这样的方式比较委婉，既没有伤害到老板的面子，又让老板觉察到了自己的过失，从而主动地去改善员工们的待遇。

1.将询问目标与对方需求结合起来

在询问的时候，假如你想将问题提到对方的心里，那最好将询问目标与对方的需求结合起来，这就是询问的关键所在。在实际询问的时候，只要你让对方感受到你所提的问题与他的需求有关，那这次询问就会成功。

2.要问到点子上

每个人都有一种防御本能，这在某种程度上会影响我们对于问题的认识，甚至在很多情况下导致我们无法发现问题的关键所在。对问题认识不清，导致了我们的模糊询问，这也就是为什么我们提出那么多问题，收到的效果却很不理想。所以，在询问的过程中，我们不仅要善于询问，而且要问对问题。

问题目标要契合对方的需求

在营销过程中，我们不仅需要多介绍我们产品的优势，同时更重要的是要善于询问，问出顾客真正的需求，才好“对症下药”，成功销售产品。俗话说：“到什么山唱什么歌，见什么人说什么话。”我们在询问时要考虑对方的年龄、身份、文化素养、性格特征等。因为询问对象，有的热情爽快，有的性格内向，有的大大咧咧，有的审慎多疑，性格不同，气质迥异。假如不顾这些特点，仅用一个腔调、一种方式询问，就会碰壁。

王先生购买的产品出现了问题，营销人员给他换货之后，王先生仍然不满意，要求公司赔偿他的损失。这时，假如营销人员这样说：“等公司的决定下来，我会把补偿款直接打到你的账户上。”王先生肯定会觉得这是在推卸责任。于是，这位营销人员说了软话：“您先消消气，喝点水，我一定能够帮您处理好的，请您高抬贵手，好吗？”但是在这时候说点软话起到了相反的作用。

聪明的小张是这样处理的，他先问王先生：“您以前在工作中也会出错吧？”王先生一愣：“是的。”小张问：“那你出错的时候，你们领导怎么对待您呢？”王先生回答说：“领导会先批评我一顿，然后让我下次好好去做。”小张问：“我知道现在犯错的是我，您怎么做都不为过，但咱们能不能找个合情合理的方法来解决这个问题呢？”果然，这话一说，顾客再也没有说什么了，只能同意。

在营销对话中，为什么你总是感觉被动？原因通常是你总是在说，而你的客户总是在问。有很多的营销人员被培训要时刻迎合客户的需求，而不是引导客户的需求，以致客户一个劲儿地在问，弄得营销人员疲于应付，狼狈不堪。营销人员们虽然累，内心却非常快乐。他们以为对于客户的问题都老实交代了，结果自然水到渠成。他们想得太简单了——客户一直在询问，实际上是一直在探你的底牌，而你不知道客户真正关心的是什么，主要的问题在哪里，只会被客户牵着鼻子走。

客户之所以愿意和你谈话，是期望你可以在你所擅长的专业方面给出建议，就像医生一样，对病情进行诊断，而诊断的最好方式就是有策略地询问。

1.测试对方的回应

当你非常用心地向客户解释一番之后，你十分希望了解客户听进去了多少，听懂了多少，他的反应如何。一般的营销人员通常滔滔不绝之后就用句号结尾，马上停止，没有下文。这个时候客户的表现通常是“好，我知道了，改天再聊吧”或“我考虑一下再说”等。如果你在论述完之后，紧接着询问“您觉得怎么样呢”或“关于这一点，您考虑清楚了吗”，效果会好很多，客户至少不会冷冰冰地拒绝你，因为询问给了客户阐述他的想法的机会。

2.掌控对话的进程

对话的进程决定了营销的走向，通常情况下，在以客户为中心的顾问式营销循环中，包含着两个相辅相成的循环，分别是客户的心理决策循环与营销员的销售行为循环。在每个阶段，询问都推动着营销对话的进程。

在谈判成交的阶段，询问的作用在于处理异议和为成交作铺垫。成交阶段通常用假设性的询问方式去试探，例如，“如果没有其他问题的话，您看什么时候可以接受我们的服务呢？”

3.处理异议

为什么异议？一方面源于人类本身具有的好奇心；另一方面由于你没有说清楚，客户没有完全听明白。从好奇心角度来说，假如你碰到一个“打破砂锅问到底”的客户，那你可要注意应付了。而如果我们不善用询问，只会一味地说，将会一直处于被动的地位。当客户提出一个问题，你可以尝试反问他：“您这个问题提得很好，为什么这样说呢？”这样你就可以“反守为攻”，处于主动地位。

问题要围绕沟通主题开展

询问是引导谈判顺利进行的好方法，谈判者只有做到切中实质、有的放矢地询问才可以达到预期的效果。在谈判过程中，任何询问都必须紧紧围绕着特定的目标展开，这是每一个谈判人员都必须记住的。所以，与谈判对手沟通过程中的一言一行都要有目的地去进行，千万不要漫无目的地脱离最根本的谈判目标。

小李是一位大型机械设备厂的销售员，他曾经5次打破公司的销售记录，其中有3次他的个人销售量占全厂销售量的百分之五十以上，他是怎么做到的呢？小李说自己成功销售的秘诀就是常常进行有针对性的询问，然后让客户在回答问题的过程中对产品产生认同。

小李说，自己在日常销售过程中经常会问这样一些问题：

您好！我听说贵公司打算购进一批机械设备，能否请您说明您心目中理想的产品应具备哪些特征？

我们公司非常希望与您这样的客户保持长期合作，请问您对我们公司以及公司的产品印象如何？

您认为造成这些问题的原因是什么呢？

您可能对产品的运输存在着疑惑，这个问题您完全不用担心，只要签好订单，一个星期之内我们一定会送货上门。现在我想知道，您打算什么时候签署订单？

我很想知道，贵公司在选择合作厂商时主要考虑哪些因素？

您是否可以谈一谈贵公司以前购买的机械设备有哪些不足之处？

如果我们的产品能够达到您要求的所有标准，并且有助于贵公司的生产效率大大提高，您是否有兴趣了解这些产品的具体情况呢？

如果您对这次合作满意的话，一定会在下次有需要时首先考虑我们，对吗？

询问的类型是多种多样的，询问的重要作用在于：可以引起对方的注意，为对方的思考提供既定的方向，从而帮助我们获得自己不知道的信息、不了解的资料；可以传达自己的感受，引起对方的思考；可以控制谈判的方向，让话题趋向结论。

不过，在询问时我们还是需要注意几个问题：

1.掌控好询问时说话的速度

询问时若说话速度太快，容易让对方感觉你是不耐烦，甚至有时会觉得你好像是在以审问的口气对待他，从而引起对方的反感。相反，假如说话太慢，则容易让对方感到沉闷、不耐烦，从而降低了询问的力量。所以，询问的速度应该是快慢适中，既让对方听懂你的问题，又不至于让对方感觉到拖沓、沉闷。

2.注意对方的心情

谈判过程中，需要尽量创造出一个好的谈判气氛，不过谈判者受情绪的影响在所难免，所以我们需要随时留心对手的心情。在对方看起来心情较好的时候，提出相应的问题。因为对方在心情很好的时候，经常会轻易满足你所提出的要求，而且会变得粗心大意，很容易暴露一些相关的信息，这时我们就可以抓住机会而有所收获。

3.尽可能保持问题的连续性

在谈判过程中，双方都有各种各样的问题，不同的问题都存在着内在联系。因此，在询问时假如要围绕着某一个事实，则询问者应该考虑前后几个问题的内在逻辑关系。不要正在谈这个问题，突然又提出一个与此无关的问题，让对方无所适从。而且，这种跳跃式的思维方式会分散对方的精力，让各种问题纠缠在一起，最后也理不出个头绪来。而在这样的情形下，你的询问自然不会获得对方的圆满答复。

询问的目的是让对方回答问题，并最终收到己方满意的效果。所以，谈判者在询问时应给对方足够的时间答复。同时，自己也可以利用这段时间，对对手的答复以及下一步的询问，进行必要的思考。

设计的问题不宜重复

众所周知，课堂询问是启发式教学的重要方法之一，它可以启发学生的思维，激发他们的求知欲，促使他们参与学习，帮助他们理解和应用知识，所以被广大老师所提倡和运用。但是，出于诸多方面的原因，现在依然有一些老师会在实际教学过程中陷入询问的误区，以至于无法实现教学预期效果。比如，有的老师对已经回答过的问题进行重复询问，或者过多地询问，甚至一直追问，直到得到自己想要的答案为止；有的老师错误使用非语言信号、使用不恰当语言使学生误答，等等，这些都是老师比较容易陷入的误区。

授课刚开始，老师问：读了这篇课题，你有什么问题？（或你想知道什么？）

学生就会按套路质疑，诸如“是什么”“为什么”“结果怎么样”之类。

初读课文之后，老师问：文中哪些词你不理解？

学生一一说出，老师便带着大家查查词典、联系上下文逐个解决。

再读课文后，老师问：课文是按什么顺序写的？可以分成几段？每段都写了什么？

等学生议论纷纷之后，老师再给个评判。

低年级课后的识字，老师会问：这里有个新部首，你认识吗？这个字是什么结构？这个字怎么写？你能给它找个朋友（词组）吗？看看它在田字格中的位置，书写的时候要注意什么？

在案例中，老师陷入了“机械发问”的误区。每当老师习惯性地提出上面类似的问题，整个教室便会呈现出精神涣散的局面。显而易见，学生对这些程式化的询问感到厌倦、乏味，对老师的指导并不接受，程式化导致了教学的低效率。

1.避免重复询问

在询问中，假如是出于某种合理的原因，比如，为了强调，那可以对已经讨论过的内容进行再问，否则是不必要的。比如，“他们应该为这次登山作些什么物资准备呢？”“他们应该带哪种食品呢？”许多人有这样一个误解，总以为沟通是一项有目的、有组织、有计划的活动，只需要将预设好的问题依次解决。

2.避免追问

在进行询问设计的时候，人们心中往往会有一个标准答案，而且对方的回答往往是围绕那些标准答案而展开的。所以，为了按照自己预先设计好的模式进行沟通，有的人在提出问题后喜欢对他人进行追问，直到标准答案出现为止。比如，“还有哪些与他们行为相类似？”“还有呢？”“对，还有吗？”“那么，那些登月的俄国人可以称为什么？”“非常正确。”很多时候，对方的一些回答是比较有趣的，而询问者却对其闻而不问，一直得到对方说出标准答案，这会使沟通失去了本来的生命活力。

3.错误使用非语言信号

在现实询问中，有些人错误地使用了一些非言语交流来对对方形成一种暗示。如：面部表情，用皱眉头来暗示“回答得不好”；姿势，使手指作响来暗示“讲快点”，用表示轻视的头部转动来暗示“这样简单的问题还胡乱回答，看你能答些什么”；非言语语调，用叹气来暗示“我从未期望你能作出正确回答”，用吸气来暗示“你的回答毫无意义”。一旦你皱眉，对方便会领悟到自己回答得不好，于是他就索性不回答了。

4.询问过多

许多人认为，没有询问或询问很少就是在灌输，从而把沟通过程中是否询问以及询问多少作为评价语言水平高低的重要标准。有的老师平均一节课要询问30多个问题，而且有些问题其实并不是真正意义上的问题，因为这些根本不需要思考就能回答。问题数量太多，容易使课堂教学成为老师进行询问表演的舞台。

5.对学生进行反问

“最精湛的沟通艺术，遵循的最高准则就是让对方自己提出问题。”所以，当他人向老师提出问题时，我们不应对其进行反问。例如，学生：“他们手无寸铁，连一部卫星电话都没有吧？明知无力与大自然抵抗，为什么还要逞匹夫之勇呢？我想，他们在出发之前难道就没想过自己会遇难吗？”教师：“你说呢？”学生：“我不知道。”

6.使用不恰当语言

有的人在询问中常常使用一些不恰当语言，特别是模棱两可和讽刺的语言。例如，模棱两可的语言：“哦，我觉得这个答案或许更合适吧。”讽刺的语言：“好，看来他对登山运动了解不少，而事实是这样的吗？”

许多人设计的问题仅仅停留在知识、理解、应用和分析的水平上，而很少涉及综合评价性的问题。比如，“为什么他们会在大风雪中失踪呢？”“他们有没有足够的资金？”“他们登上山顶了吗？”这些问题根本不利于对方思维能力的提高。

精巧而有吸引力的问题

爱因斯坦说："提出一个问题往往比解决一个问题更为重要。因为解决问题也许是技能而已，而提出新的问题，新的可能性，从新的角度去看旧的东西，却需要创造的想象力，而且标志着科学的真正进步。"询问，对于日常沟通而言，亦是如此。我们在沟通过程中，经常会有这样的疑惑：一样的问题，这样问，对方只会发呆，那样问，对方似乎马上就明白了；有的问题抛出去，一石激起千层浪，有的问题丢出去，却是一潭死水。出现这种情况的症结在于不善于询问，没有科学地设计出灵巧、新颖、容易激发对方思考的问题。

比如，就课堂询问而言，精巧而有吸引力的询问，不但能够激发学生的学习兴趣，促进思维、培养能力，而且是优化课堂教学效果最直接、最有效的手段之一。对于老师而言，如何根据教材、教法的不同和学生的实际情况，精心设计问题，作好课堂询问，是每一位老师都需要长期探讨的课题。

1.提出针对性的问题

询问，抓住了重点，也就抓住了方向。重点问题解决了，那沟通的任务也就基本完成了。比如，老师在引导学生学习朱自清的《背影》这篇文章的时候，就可以设计这样的问题：朱自清笔下对父亲的背影描写有几次？作者有几次相应的流泪？这样学生很容易从文中找出相应的句子，概括出来之后就能够看出父与子之间内敛而深厚的感情，从而引导学生抓住文章写作的最大特点。

2.提出启发性问题

人们对每一次的沟通，并非一开始就感兴趣，所以我们询问要针对对方的心理特点，采用不同的方式调动他们思想上的积极性。在沟通过程中，我们可以设计一些对方感兴趣的问题，使他们思维活跃，思路开阔，可以根据自己的知识向问题辐射而去。这样的询问有助于调动对方思维的积极性，促使他们自然地了解到话题的内容与主题，收到良好的沟通效果。

3.提出连续性的问题

一次成功的沟通，常常不是提出一两个问题就可以完成的，而是需要我们在沟通中连续发问，层层递进。这样一来，前一个问题就是后面一个问题的前提，后一个问题就是前一个问题的继续，每一个问题都是启发对方思维发展的一步阶梯。在这个时候，我们应该减少无效、无谓、无用的询问，节约出一定量的沟通时间。

4.提出灵活性的问题

询问假如只是一味地直来直去，对方就会感到寡然无味，而且在一定程度上妨碍了他们思维的发展。假如我们将问题以灵活的方式提出，那就会促使对方开动脑筋。灵活地询问，可以变换询问的角度，让思路“拐一个弯”，从问题的侧面或反面，寻找思维的切入口。

第 04 章

制造良好氛围：打消被问询者的抵触情绪

日常沟通中，当我们需要询问的时候，难免会遇到对方不想开口的情况。其实，询问也需要言语铺垫，不能一开口就问，而是需要循序渐进，首先要制造良好氛围，这样可以有效打消被问询者的抵触情绪。

询问之前，先适当寒暄几句

在现实生活中，温饱问题不在话下，自然而然，寒暄的用语也多了起来。比如，我们经常听到的："你高升了吗？""你在哪里发财？""你上网了吗？"这样的寒暄，是相当普遍的，不过，也没什么新意，但在交际中就是需要这样几句寒暄，才能打开应酬的场面。关键的是，在某些场合，寒暄不能这样简单了事，我们还需要斟酌字句，比如对女性的寒暄，若是对方身材比较丰满，而且一直努力在减肥，那么，若你一见面就老实地恭维对方发福了，定会让对方心生厌恶之感。

如果寒暄说得不好，则会让对方在心里产生排斥。因此，必要的寒暄是人际交往的第一步，我们要善于把握寒暄的时机，让简短的几句寒暄给自己的工作和生活带来更大的成功。

下面，我们就简单介绍几种常见的寒暄类型。

1.问候型

问候型的寒暄又分为典型问候型、古典问候型、传统意会问候型。

（1）典型问候型

通常，典型问候型就是问好，常常会说“你们好”“大家好”等等，这是典型的寒暄，也是人际交往过程中最常用的一种问候语。最近几年，在人际交往中也开始流行英文化的问候方式，如“嗨”“哈喽”。

（2）古典问候型

这样的寒暄具有古代的文化色彩，如“幸会”“久仰”，等等。这样的寒暄书面风格比较鲜明，通常用于比较正式、庄重的场合，而在一般的日常交际中用得比较少。假如我们不顾当时情境的实际情况，自顾自地说“久仰久仰”，那很可能会引起对方的反感。

（3）传统意会问候型

这样的寒暄指的是一些貌似询问，实际上却是表示问候的招呼语。比如，“上哪去呀？”“吃过饭了吗？”“怎么这么忙啊？”在人际交往中，这样的语言并不是询问，而是见面时交谈开始的寒暄，对方并不需要回答。当然，这样的寒暄常用于较为熟悉的人之间。

2.关照型

关照型寒暄主要指要积极地关注对方的各种需求，在寒暄过程中要不露痕迹地解决对方的疑问。在人际交往中，对方的需求可能是生活方面的，更多的是心理感受方面的，假如我们在寒暄中可以针对性地关注这些方面的问题，就可以在一定程度上解除对方的某些必要的或不必要的担心，就可以有效地活跃应酬的气氛。

3.攀认型

攀认型寒暄，也就是抓住双方共同的亲近点，并以此为契机进行发挥性问候，从而达到与对方顺利接近的目的。我们在与他人接触的时候，只要留心，很容易就会发现自己与对方有着这样或那样的共同点，如“老乡”“自己喜欢的地方”“自己向往的地方”，等等，这就是与对方攀认的好时机，也可以制造出与对方“沾亲带故”的关系，比如，“大家都是四川人，我母亲出生在四川，说起来，我们算是半个老乡了”。

注意表情和语气，恰如其分地询问

在沟通过程中的询问，并不是板着脸孔的询问，不能像是严肃的老师向学生询问。这样的询问表情，只会令对方心生反感情绪，更加不把你的问题放在心上。询问，指的并不是简单地将问题用生硬的语气提出来，还需要配合适宜的表情和语气，这样的询问才会更加真挚动人。

在沟通过程中，人们的询问总是不足的，表现不尽如人意。有的询问磕磕绊绊，话不连贯；有的声音发颤，语不成句；有的词不达意，不知所云。而有的电视台主持人在询问时，一拿起话筒，面对摄影机，脸上便会露出一副深情款款的表情，就好像在表演诗朗诵般，让人疑惑他是不是在演出。

一位富商的太太想换一辆车，于是开着原来那辆破旧的老车来到一家汽车销售店。销售员们看见她衣着寻常，又开着一辆破车，因此都表现得不积极热情，销售主管程敏只得亲自上前服务。

“您好，女士，请问您需要我帮忙吗？”程敏热情地打招呼。

“不用，我只是随便看看。”那位太太回答。

程敏带着淡淡的微笑，始终跟在那位太太的身边，虽然不说话，却细心观察她的神情变化。当她看见太太的目光落在一款新车上、双眼突然一亮时，便马上说：“这是今年的最新款式，让我给您介绍一下好吗？”程敏拿出这款车的宣传资料，详细地介绍起车子的性能和优点。那位太太听着，流露出一丝想买的意愿，但是眼神间还有犹豫的神情，看来还没有最终下定决心。

“这样吧，您先填写一下客户资料，然后我再根据您的要求给您推荐其他一些款式的车型好吗？”

那位太太填写了资料，程敏细细地看了一下，叫来一位销售员，在他耳边吩咐了几句，这位销售员出去了，过了不久，抱回来一大束鲜花。

“梁太太，今天是您的生日，祝您生日快乐！”程敏递过鲜花，真诚地说。

那位太太奇怪地问：“你怎么知道？”

“您填写的客户资料上有。”程敏微微一笑。

梁太太非常感动，她接过鲜花，眼睛微微湿润了，说：“在这之前，我已经去过三家4S店了，也都填写了客户资料，但是你是第一个祝我生日快乐的人。谢谢！”

最终，梁太太毫不犹豫地买下了那辆新车，并且后来介绍了不少朋友与客户来这里买车，还和程敏成了好朋友。

因此，如果我们想要进行一次次有效的询问，那就要把自己融入到询问的语境之中，切合语境，配合以相应的表情和语调，或微笑，或悲伤，或同情，这样才能让对方愿意将自己想说的说出来。

询问除了要注重非语言的交流，还要学会眼睛的配合和头脑的思考。恰如其分的询问，应该是做出与语境相配合的表情、动作，在声音方面也需要配合当时的语境，这样才能让询问更加动人，对方才容易被这样的询问所打动。

1.从答案中获取信息

杨澜说："在每次采访之前，我都会感到紧张和兴奋，并不是因为嘉宾的地位、名头很响，而是我想我该如何利用这不到一小时的时间里问出好故事。"好的询问，不仅会让被询问者感觉到我们的真挚，而且能够帮助我们问到一个好的故事，这样我们才能从询问中有所收获。

2.注意询问的表情

假如我们的询问空洞而乏味，语言生硬，语调平淡，那是很难问出好故事的。我们只是将问题"朗读"出来而已，这样难以将对方打动，当然，被询问者就会寻找一些理由来拒绝回答我们的问题。所以，为了让自己的询问有所收获，我们应该配合好的表情，比如，询问一些悲伤的事情，就流露出肃穆的神情；询问开心的事情，就要面露笑容，这样才能让自己的询问更加动人。

3.口、眼、脑并用

眼睛观察和用脑思考都是为了“口”的表达准确。口、眼、脑并用，才能观察得深、观察得细，思考有深度，询问才能得体。我们要认真研究询问的艺术，才能让询问成为真情实感的交流、思想文化的碰撞，才能更好地实现自己意图，取得最佳效果。

虚心请教，问对方得意之事

在生活中，我们经常听到诸如此类的请教式询问：“你的手工做得太好了，怎么做出来的，能教教我吗？”如此别具一格的赞美方法就是请教式询问。什么是请教式的询问呢？顾名思义，就是针对对方擅长的某些方面，而你话语中带着请教的意味，似乎因对方的优秀程度已经将其摆在了“老师”的位置上。而大多数人听到请教式的询问，虽然表面上不作声，其内心却早已经是兴奋异常了。另外，请教式询问能更容易让对方接受，让对方体验到自己的价值，从而心中产生某种成就感。

这样的询问方式大多适用于下属对上级、学生对老师、晚辈对长辈，由于对方身上有自己不具备的一技之长，遂以请教的询问方式表达自己的仰慕之情，在这个过程中，对方往往能在请教式询问中答应自己的请求，或者，他们有可能会主动帮助你渡过难关。

1.满足对方的心理

在生活中，每个人都有“好为人师”的心理，所以，在许多时候以低姿态、有针对性地请教对方，以自己的普通甚至劣势凸显对方在某些方面的高明和优势，可以间接起到赞美对方的作用。恰到好处地使用这种方式，既成功地赞美了对方，又可以给对方留下虚心好学的好印象。

2.既请教又鼓励

其实，请教式询问不仅重在请教，还表现出一种鼓励的意味。当然，这样的一种询问方式不止局限于下属对上级，很多时候，上级为了鼓励下属，也可以向下属发出“请教式询问”。

3.虚心请教

在日常生活中，还有许多家长更是将请教式询问当作一种很好的教育方式，以此来鼓励小朋友。有时候，我们在求人办事的时候，不妨放低自己的身价，虚心请教询问，再说几句赞美之语，说不定能取得良好的效果呢。

积极询问，调动对方的兴趣

在日常生活中，当我们说“某人性格很内向”时，脑海里总会浮现这样的形象：一个人永远坐在房间的最角落，总是默默地低着头，不说话，偶尔会露出一丝笑容，每天独来独往，以至于哪一天他没来，也没人发现。通常这样的人是容易被忽视的，因为他们总是孤独地坐在一个角落。而且他们似乎很没有主见，总是一味地顺从，表现出恭顺听话的样子。在我们身边就有这样的朋友和同事，每次见面就是打个招呼“你好”，更有甚者几乎是不说话，见面只是微微一笑。

张经理是一位善于询问的领导，尤其是对于秘书小李。其实，小李对自己的能力很有信心，唯一担心的就是自己性格比较内向，不知是否能与团队成员有一个很好的沟通。但是，因为善于询问的张经理，他对自己越来越有信心，工作也越干越出色。

张经理在向小李询问时，非常热情，比如，在询问小李能不能完成任务的时候，他会问：“能不能按时完成任务？”小李回答：“能。”这时张经理会问：“像你这样年轻的小伙子，声音这么低，大点声音告诉我，能不能按时按成任务？”小李大声回答说：“能。”张经理说：“这才对嘛，我相信你的能力，你一定能够创造新的业绩的，对不对？”小李大声回答说：“是的。”就这样，在张经理善于询问的调动下，小李变得越来越积极，逐渐受到了张经理的重用。

通常情况下，内向者才华横溢，自律性较强，对公司的忠诚度比较高。所以，必须调动这些人的积极性。实际上内向的人往往是表面冷，内心热，假如领导者可以通过询问，将他们的积极性调动起来，那他们所爆发出来的潜力将超过外向者。只要我们能够站在内向者的角度去寻找突破口，以真诚、耐心的态度去对待他们，多鼓励少质疑，多安慰少批评，那就能有效调动内向者的积极性。

通常情况下，内向者嘴里不会说出“不”，总是“好”“是的”挂在嘴边，面对别人的询问，他大多都只是点头，好像自己没意见似的。即便他心中有着另外的看法，由于他内向的性格，他也总会说“我跟你们是差不多的看法”。于是，尽管他坐在我们中间，却好像完全被人忽视了。

王先生是某家建筑公司的工程师，性格比较内向，不过在工作中能够独当一面，深得老板的青睐。不过，即便是这样一个老实巴交、性格内向的人也会犯一些错误。有一次，王先生参与的楼房改造出了一些意外，设计稿与实际存在6厘米的误差，这是非常大的误差。公司紧急召开会议，商量如何解决这个问题。

在会议上，总经理问道：“想必大家都知道这次开会的目的，我想先问一下王先生，你知道这次开会的目的吗？”其他成员面面相觑，面露难色，王先生唯唯诺诺地回答说：“知道。”经理又问：“那你说说这次会议的目的是什么。”王先生说：“为了解决我工作上的失误。”经理问：“由于你的失误，公司需要承受很大的损失，你说你该怎么承担呢？”王先生说：“我主动辞职。”

听了这样的话，会议室瞬间安静了下来。总经理更是暗自叫苦，自己询问的目的本来是想让王先生认识到错误，然后更加卖力地工作。王先生的能力是大家有目共睹的，公司并不愿意失去这个人才。但是，没想到在一连串问题之下，性格内向的王先生竟然因自责而主动提出辞职。

王先生本来已经想到了解决问题的方案，不过在总经理询问之后，他竟一直想不起来，只觉得自己需要主动辞职来弥补此次失误。这个案例，主要在于总经理不懂得如何询问内向的王先生，导致公司失去了王先生这个人才。所以，在实际生活中，对内向者询问，首先要考虑他们的心理承受能力，注意问题的温和度，避免出现双方都下不了台的局面。

内向者不愿意说话或说话很慢时，他们常常是没有将心思关注到人们的谈话之中。其他人会觉得内向者不会提供任何有价值的观点，内向者自身也会这样认为，所以他索性做一个安静的听众，或只是委婉地说两句，或干脆不发表任何意见。此外，如果内向者一开口比较有深度，往往会令其他人感到不舒服，于是人们就选择忽视内向者所提的观点，他们更倾向其他人所表达的东西。

1.选择温和的问题

内向者往往比较胆小，多少有一些自卑心理。所以对这类人进行询问时需要注意问题的温和度。在实际询问的时候，不能提太尖锐的问题，即便发现他们在某些事情中出错了，也不能当着许多人的面说。毕竟内向者向来习惯自省，工作出现了差错，其实他们内心也很着急。

2.保持诚恳的态度

内向者心理比较敏感，所以，我们在对他们进行询问时要保持热情、诚恳的态度，否则，当他们感觉不到我们的真诚和热情的时候，就会对我们失去信任，从而影响整个询问效果。假如在询问时能够适当给予他们鼓励，他们就会鼓起勇气多谈论些。

3.提出对方感兴趣的话题

对内向者询问，提出的问题最好与内向者有关。比如，可以提内向者感兴趣的话题或与他利益相关的问题等等。总而言之，提出对方感兴趣的话题，这样对方才会愿意回答。

询问之前，适当赞美

心理学认为，人们之所以对他人有好感，无外乎两种情况，一种是相似性，一种是赞美。相似性是指双方在生活习惯、观念思维等有类同点，赞美则主要来自语言的赞美。美国有一名学者这样提醒人们："努力去发现你能对别人加以夸奖的极小事情，寻找你与之交往的人的优点，那些你能够赞美的地方，要形成一种每天至少一次真诚地赞美别人的习惯，这样，你与别人的关系将会变得更加和睦。"在日常交际中，要想建立良好的人际关系，恰当地赞美他人是必不可少的。

成功学大师戴尔·卡耐基曾做过二流推销员，那确实是一段难忘的经历。当时，卡耐基对发动机、车油和部件设计之类的机械知识毫无兴趣，这样一来，他完全无法掌控自己推销产品的实质。

有一次，店里来了一个顾客，卡耐基立即走上去向他们推销货车，不过，他说的话往往连货车的边都沾不上。顾客觉得卡耐基是一个疯子，这时，老板气愤地走过来，大声吼道："戴尔，你是在卖货车还是在演说？告诉你，明天再卖不出去东西，我会让你滚蛋。"这下，卡耐基着急了，如果丢失了这份工作，将意味着自己无法生存了。

于是，卡耐基立即说："老板，您是最仁慈的老板了，有了您，我才吃上了面包。您放心，冲着您让我可以吃上面包，我会好好干的，而且，瞧您今天穿得多精神啊，相信您今天的生意会一帆风顺的。"被赞美了几句，老板的气也消了，再也没说过解雇的事情了。

在这里，卡耐基的赞美有点夸张，"老板，您是最仁慈的老板了，有了您，我才吃上了面包，您放心，冲着您让我可以吃上面包，我会好好干"，好像如果没有了老板，自己就将无法活下去似的。虽然，这样的赞美是夸张了点，但恰恰体现出老板对自己的重要性，而这正是老板所希望听到的。于是，在这样一句赞美的话之后，老板气也消了，再也不提解雇的事情了。从这里不难看出，在适当的时候，来一两句夸张的赞美也是很有必要的。

有的人聪明，有的人友好，有的人善良，有的人漂亮，我们要明白，即使一个人浑身上下充满了缺点，在他身上依然有闪光点，而我们需要做的就是去发现这些闪光点，再逐一去赞美对方这些优点，这样才能很好地打动对方。

每一句赞美都是有根据的，并不是泛泛而说，这样的赞美之词顾客听了才会喜欢。而且，在这其中，要做一个善于发现别人优点的人，有的人总是心不在焉地听着顾客介绍自身的某些情况，却没能想到这些恰恰是值得赞美的地方。凭着自己敏锐的眼光，发现了对方身上那些值得赞美的地方，才如愿打动了原本犹豫不决的顾客。因此，在生活中，我们要善于去发现他人身上值得赞美的地方，发现了就要大声赞美，这样我们才能打动他人的心。

事实上，每个人都希望自己能受到别人的赞美，得到他人的肯定，但是，由于人与人之间交谈的时间并不多，而且，人们普遍不善于去发现他人值得赞美的地方，于是，很多时候，就会出现一些问题：要么赞美不当，要么缺少赞美。其实，只要我们用心观察，就会发现每个人身上都有值得我们赞美的地方。

1.赞美某方面的细节

那些有经验的人常常会抓住某人在某方面的行为细节，巧言赞美，这样就很容易赢得对方的好感。因为对细节的赞美不仅给对方带来心理上的满足，还会增进彼此的心灵默契程度。你能观察对方那些尚未被人发现的细节优点，那就表明那些赞美是发自你内心的，如此自然而又真诚的赞美足以打动人心。

2.赞美对方的优点

每个人都有自己的长处，我们在赞美他人的时候，关键在于是否“慧眼识珠”，能否发现对方身上的闪光点。有的人常常埋怨别人身上没有优点，不知道该赞美什么，其实，这恰恰说明了他缺乏发掘闪光点的能力。

3.新颖的赞美

每个人都有许多优点和长处，我们对他人的赞美要独具慧眼，善于发现对方身上的“闪光点”和“兴趣点”，从新颖的角度赞美，这样将收到事半功倍的效果。

第05章

询问层层深入：让对方朝着你预想的方向讲下去

日常沟通中的询问并非一蹴而就，而是需要层层深入。当我们需要通过对方了解某一件事的时候，并不是一个问题就可以获取全部信息，而是需要一个问题扣着一个问题，让对方朝着你预想的方向走下去。

由表及里，使询问有层次感

许多说话者在设计问题时存在很多弊病，比如，问题设计无序，没有层次感；问题设计得或浅显或深奥，不符合对方的认知层次；甚至有的人根本没经过大脑思考，就随便询问。问题不能过于直接、浅显，太简单的问题就如一碗水无滋无味，没有任何思考的空间和余地，对方只需要回答“是”或“不是”，“好”或“不好”就行，这样无疑会限制对方的言语。而问题太困难，不容易回答，对方又会感到无所适从，无处下手。

一旦接受了他人的一个微不足道的要求，为了避免认知上的不协调，或想给他人以前后一致的印象，就有可能接受更大的要求。这种现象，犹如登山时要一级台阶一级台阶地登，这样能更容易更顺利地登上高处。其实，每个人都有一种在他人面前保持形象一致的心理需求，他们不希望自己被看作是反复无常、莫名其妙的。基于人们这样的心理，我们需要一步步询问，由表及里，使询问呈现出一定的层次感，这样会令对方欣然接受。

当我们需要向对方提出一个比较大的要求时，可以先不直接提出，因为这个要求很容易被对方所拒绝。在这时，你可以先提出一个较小的要求，一旦被答应，再提出那个较大的要求，这时候就会有更大的被接受的可能性。当我们在说服对方的时候，也需要灵活运用这一效应。

好的询问，不仅可以令对方滔滔不绝，而且可以通过富有吸引力的询问活跃交流气氛，调动对方的积极性。所以，我们在实际询问的时候，要注意筛选不同的内容，做到分层次地询问。

豆豆早晨喜欢赖床，每天早上到了八点才起床，爸爸向豆豆提出了要求："以后每天早上提前两小时起床读书。"豆豆听了立即表示抵触，妈妈见此情景，用商量的语气说道："那先每天提前十五分钟起床好吗？"豆豆听了马上就答应了，过了一段时间，妈妈又提出再提前十五分钟起床的要求，豆豆也很爽快地答应了。就这样，用了不到两个月的时间，豆豆完全做到了每天提前两个小时起床。

在这里，妈妈所使用的口才心理策略，就是典型的登门槛效应。比如，对一个推销员来说，当他可以令顾客打开门，跟顾客展开交谈时，其实，他就取得了一个小小的进步。在这样的情况下，假如他能够说服顾客看一看他的产品的话，那么，他就可以再提出“购买产品”的要求，而且，这样的要求很有可能被满足。

问题的设计要有梯度，环环相扣，逐层递进，遵循从易到难、自简至繁、由浅入深、由表及里的原则，一步一个台阶把问题引向深入。我们在设计问题时要明确目的，设计一些有价值的问题。在设计问题时，不仅要考虑应该提出什么样的问题，还需要思考为什么要提这样的问题。

问得巧，答案就隐藏在话题里

在实际沟通过程中，有时候，在询问时我们还可以采取“间接询问”的方式，多问几个与主题相关的问题，然后在这些问题中找出正题的答案，这也是一种有效的询问方式。当主题变得太庞大的时候，或者说我们无法用直接的方式询问的时候，就可以采取这样的方式。当然，我们所询问的其他问题，必须是与正题相关的问题，否则，即便询问再多，也无法找到正题的答案。

席燕从事化妆品的销售工作，她热情的话语、开朗的性格赢得了很多回头客，既为公司也为自己带来了效益。但是，有的顾客对于她的话语并不怎么感兴趣，她们在购买化妆品时，往往根据自己的喜好进行选择。有的顾客选到了自己喜爱的化妆品，乐不可支。而有的顾客虽然也对一些化妆品感兴趣，却因为其高昂的价格而犹豫不决。为了让这些顾客购买到喜爱的化妆品，席燕常会不失时机地说话，她旁敲侧击的询问常会促成顾客购买成功。

一次，一个女孩前来购买化妆品，她选中了几款化妆品，但是极高的价格让她一时拿不定主意，徘徊不定，犹豫不决。看到那个女孩有购买的欲望，席燕不失时机地走上前与其说话，问她："你好，这款化妆品在我们店里走得非常好。"女孩："我不知道适不适合我的皮肤。"席燕查看了女孩脸上的皮肤，说道："你的皮肤是偏油性的，这款化妆品正好适合你的肤质，相信你用过之后肯定会感觉很清爽，现在需要我为你包起来吗？"女孩似乎还是不确定，席燕通过前面两次问话，得知这位客户是犹豫不决的个性，于是，直截了当地问了一句："难道你还需要征询一下亲人的意见吗？"女孩听了席燕的话，并没有再多说什么，立即购买了下来。

席燕先是通过间接的询问，得知这位顾客就是犹豫不决的个性，所以她顺势巧询对方，刺激顾客的购买欲望，达成了自己的销售目的，也满足了顾客的购买欲望。通过运用有效的询问技巧，席燕的销售业绩不断提升，为公司创造了良好的效益，自己也拥有了一笔小小的财富。

学生们在学习贾平凹的《风筝》这篇散文的时候，有位老师采用了两种截然不同的询问方式：

第一种询问：

老师："我们"在做风筝的时候，心情怎么样？你是从哪些词句中体会到的？请把相关的句子画出来。

老师：请把做风筝时的快活心情读出来。

第二种询问：

老师：这一段话是介绍"我们"小时候做风筝的情景，请大家认真默读课文，看看我们做的是一只怎样的风筝。

学生：我们做的是一只蝴蝶样的风筝。

老师：还有不同看法吗？

学生：是一个什么也不像的风筝；是一个叫作"幸福鸟"的风筝；是一个带着憧憬和希望的风筝。

老师：风筝完工前，我们的憧憬和希望是什么？

学生：希望做出来的风筝很漂亮，像一只美丽的蝴蝶。

老师：我们精心做着，可做出来的风筝……

学生：什么也不像了。

老师：你一心想把事情做好，很认真地做了，结果做得很糟糕，这时候，你的心情会怎么样？

学生：伤心，难过，觉得没劲，打不起精神。

老师：做了个“四不像”的风筝，可我们为什么依然快活呢？

学生：只要风筝能飞起来就行！因为是自己亲手做的，再丑也喜欢！我们更在乎做风筝的过程。

老师：是呀！在我们看来，过程比结果更重要。这小小的风筝里，承载的是单纯的童心，是简单的幸福，是童年的快乐呀！让我们带着自己的理解，美美地读一读吧！

前一种询问方式比较简单，学生只需要在课文中简单地搜索，稍微“编辑”一下就可以作出回答。而后一种询问方式，则是间接询问，引领学生在言语的丛林中反复走了几个来回。最后，让学生有了全面而深刻的感悟，把散文读出了情感、读出了味道。

间接式询问，又叫隐含式询问，常常以“我感到好奇……”或“你肯定……”来开头。当我们对对方的想法或感受感到好奇而又不想逼迫对方回答时就可以采用间接询问的方式，如：“我对你毕业后的计划感到好奇。”“你肯定对你父母的离异有一些想法或感受。”间接式询问因带有一定挑战性，所以应在双方关系已充分建立之后使用，以免引起对方的反感。

1.设定问题要巧妙

同样一个问题，询问的方法和角度是多种多样的。问得旁敲侧击则巧，问得直接则显得愚笨。询问是为了获取答案，指明方向，促进双方之间的沟通，是为了启发对方，让对方有话可说，而且说得精彩。

2.不宜直接询问

假如是十分直接的询问，目标意识太过于强烈，雕刻的痕迹太过于严重，那对方就很容易产生厌倦和排斥之感。俗话说：“欲速则不达。”询问也是一样的道理，智慧的询问，是旁敲侧击，既能“山重水复”，又能“柳暗花明”，旁逸斜出以求出其不意，曲径通幽巧入世外桃源。

3.试探性询问

有时候，一些开放性问题也可以起到旁敲侧击的作用。比如，“你对现在的危机有什么意见？”“你觉得灵活的工作时间怎么样？”“假如你赢得了100万美元，你会选择做什么呢？”或者，你也可以提一些探测型问题，“那时你多大了？”“ABC公司的销售额是多少？”“有多少员工在你手下干活？”

逐层递进，找准对方的需求

所谓营销，不只是卖出东西，而是用产品或服务去满足客户的需求。但是，我们未必知道客户的需求是什么，假如我们一定要知道，那办法只有一个，那就是询问，只有这样，我们才会赢得客户。正如培根所说：“谁问得多，谁就学得多，那么他拥有的就更多。”

爱德华·豪丹尼特说：“问问题很简单，但拥有正确询问的思想才能解决问题。”假如你是一位营销人员，那你与客户之间的互动情况怎么样呢？你是否在营销过程中不断地回答客户的问题？回答问题使你有怎样的感受？你的回答使你轻松地赢得客户了吗？如果没有成功地赢得客户的满意，那为什么不从回答问题转变为问问题呢？

尤金·尤涅斯库曾说：“答案不能给人启示，给人启示的是问题。”营销人员在进行询问的时候，必须思考两个问题：第一，我询问的目的是什么，即我为什么要提出这个问题，想得到什么样的结果，不能漫无目的地对客户进行询问，浪费双方的时间；第二，我采用什么样的方式进行询问，也就是如何表达问题，不同的表达方式得到的结果可能也是截然相反的。成功的营销人员，往往都会充分意识到这两点，将询问做到恰到好处，得到满意答复。

在询问过程中，我们可以重复对方的回答："您是说……是吗？""您的意思是……我可以这么理解吗？"或者，说出顾客曾经的感觉及其变化："确实我们也有老顾客提出这样的看法，感到……""确实有一些顾客一开始有这样的感觉……"再者，提供改变顾客感觉的正向信息：它的价值取决于好几个因素——口感是否好？质量是否优质？安全性是否可靠？售后服务是否有保障？

1.做好询问准备

在见客户之前，调整好自己的情绪，使自己处于自信和激情状态。然后进行一系列积极的自我对话："我愿意""我可以""事情本来就是这样""这是一种挑战""我自信我能把握住""我能够"……与此同时，提升自己的沟通能力，尤其是询问能力。当然，需要熟悉产品，没有专业知识你自然会心虚，一味地使用技巧的话会使技巧蜕变为伎俩和手段，无法赢得客户的信任。

2.了解客户的情况

当我们了解到客户的情况之后，就可以显示出专业性，提供有效的建议。同时发现赞美点，适时适当地给予赞美，增进亲切感，并对自己的产品进行针对性的宣传。通常客户都有正常人的心理需求，只要我们问对了问题，就能适时满足客户心理。

3.对客户疑虑，适时询问

客户会有诚信度、款式、价格、服务以及后续问题及服务响应方面的疑虑。这时我们可以通过询问来解答：您对我们店的产品有怎样的感觉？您以前购买过灯具吗？有怎样的感受和想法？在装修方面，您最关心的是什么？为什么特别重视这一点？以您目前的了解，我们的服务有哪些方面让您觉得还可以？您能具体地说一下您的想法吗？除了关心这个，还有其他方面吗？

分层询问，化难为易

在日常工作中，上下级之间的沟通是必不可少的，而让下属说得越多，领导了解下属真实心理的机会就越多，只有完全了解了下属的所思所想，方能令其为己所用。如果想让下属说得更多，那就需要善于询问。询问，是社会交际中常见的一种活动，能否使沟通按照自己计划的进程发展，使对方说出自己想要得到的回答，取决于人们询问技巧的高低，对此，询问的一个重要作用就是让对方为自己解疑释难。

在与下属的沟通过程中，领导需要经常询问，而如何询问则成为了非常关键的问题。在很多时候，我们所提的问题并不适合直接提出来，而是需要设置铺垫的。简单地说，询问需要逐层递进，才不会显得突兀。一个好的问题提出来，不仅有助于下属对于问题的理解，而且，可以充分调动下属的积极性思维，活跃谈话气氛，让下属积极地参与到话题中去。不过，在现实工作中，我们常常发现，领导在提出一个问题后，下属可能会目瞪口呆，一时回答不上来，其实，这并不是下属没有能力回答，或者说下属笨，而有可能是领导提出的问题和答案之间的思维跨度极大、关联性不是很强，当然，下属就回答不上来了。就像是一个人在上楼梯，如果楼梯都找不到或者楼梯台阶太高了，他又怎么上得去呢？所以，领导在与下属沟通的时候，要学会询问，在询问之前要有所铺垫，注意思维的连贯性，注意引导，为下属设置好台阶，这样，下属才容易回答你的问题。

小宋是中学政治老师，他常常这样说：“我们在询问时，要分层询问，化难为易，化大为小，把课堂询问当作一门艺术，这样，我们才能够运筹帷幄地统领全局。另外，这样的询问方式也能够很好地结合学生的实际，作出有计划、有步骤的系统化的询问，层层深入地引导学生的思维向纵深发展。”

在一次政治课上，小宋在讲到“商品”这个概念的时候，设计了一连串逐层递进的问题来启发学生层层地深入了解。课堂一开始，小宋就询问：“同学们，我们的吃、穿、用的物品是哪来的？”学生异口同声地回答：“市场上买的。”小宋老师接着问：“那市场上出售的商品又是从何而来？”有学生回答：“劳动而来的。”小宋老师继续问：“所有的物品都是劳动产品吗？所有劳动产品都是商品吗？”学生们摇摇头，却又说不上来，小宋老师问：“原因是什么呢？”这样几个问题一一回答下来，使得“商品”的外延范围越来越小，逐渐显示出了内涵。最后，小宋老师轻易揭示了：“商品就是用来交换的劳动产品。”课程结束后，小宋老师总结说：“这样的询问方式，循序渐进，能够带领学生轻松地跨越思维的台阶，使学生比较容易接受。”

领导向下属询问，其实恰似于老师向学生询问。在询问的时候，需要有所铺垫，你的问题提出来才不会显得突兀。比如，领导一开口就问：“这事你怎么办成这样？”而在这之前，没有任何的提示、铺垫，或许，那些反应不够快的下属会摸不着头脑，不知道你问的究竟是什么。

一位主持人回忆了自己的一次采访经历：“在一次采访中，我们要通过散装水泥谈到节约型社会，如果一上来就大谈如何建设资源节约型社会，感觉很空洞，观众也不会喜欢，因此，我们就先从解释散装水泥说起，最后升华到提倡资源节约型社会，这样就很自然地达到了目的。”所以，在日常工作中，领导询问要善于掌握谈话的真正目的，询问方式须由浅入深，由表及里，如此一来，才能够获取自己想要的信息。

有时候，为了能够详细地了解对方的真实情况，我们需要先询问简单的问题，以此作好铺垫之后，再增加问题的难度，触及问题的实质，达到自己的最终目的。这样的询问方式，也就是“逐层递进、由浅入深”，而如此的询问方式大多见于职场。

1.由浅入深

在正式询问的时候，需要做到由浅入深，任何谈话在最初时都会从一个很浅显、很小的点开始，一点点地深入，比如，许多主持人在采访名人的时候，有可能第一句话只是："你最近在忙些什么？"以最浅显的最近动态，慢慢延伸，再聊到其关于感情、工作方面的话题，从来没有一个主持人开门见山地问："听说你的公司最近亏损了，到底是怎么一回事，能给我们说说吗？"这样的询问对被采访者显得不够尊重，另外，观众也不太容易接受这样的询问方式。其实，这样一种由表及里的询问方式，恰恰是需要领导者学习和借鉴的。

2.由表及里

在询问到某 大问题的时候，领导不要着急触及问题的实质，而是应先从表面下手，先询问下属几个简单的问题，等铺垫做得差不多了，再问及问题的实质。这样，会显得你的询问不那么突兀，自然，下属也就容易回答了，整个谈话也能顺利进行了。

问题攻势，占据沟通主动权

日常沟通中的双方不会都站在同一个层面，有时候我们面对的对象，有可能阅历比我们丰富，学历比我们高，我们在这样的场合会非常没有自信，总是觉得不如人。心里有这样的想法，就会不时地通过谈话透露出来，使自己处于谈话中的下风，从而限制我们的观念和意见的表达。怎么让自己在对话中处于上风？这就需要说话中一个技巧——连续询问。

在谈话中巧妙地使自己原本处于下风的姿态转换为瞬间占在上风，这样就更容易让人信服。“连续询问”就是连续地向别人询问，如果这个时候你故意问对方你知道的事情，也许会被认为是不怀好意。但是，问题攻势的目的就是令对方丧失气势，所以你在这个时候绝对不能心软，要尽量使用这个办法，压倒对方的气势，使自己处于上风的位置。

如果你想在和对方的谈话中占上风，就应该提前准备很多估计对方根本回答不上的问题，连续向他发问。对方回答不了这些问题，当你看到对方面露难色的时候，你肯定能逐渐平静下来，恢复自信，这样，你就已经占了上风。

1.合理使用蜂音

有研究者发现这种连珠炮似的发问就像“蜜蜂振动翅膀发出的令人烦躁的声音”，并把它叫作“蜂音技巧”，这是一种用让人心烦的聒噪声来驳倒对方的战术。人们往往对于涉及很详细数字的问题不可能立刻回答出来，所以这个战术对于在谈话中取得上风十分有效。假如对方能够一下子就回答出来，那你就可以继续追问：“除此之外，你还能举出什么例子吗？”直到对方哑口无言。到最后，对方一定会回答不出来的。

2.撇开问题本身

既然通过蜂音技巧展开问题攻势的目的是驳倒对方，那么一定要记住，所提出的问题要抽象、模糊，尽量找对方不好回答的问题。对方越回答不出来问题，你占据上风的优势就越明显，你就越能取得对话中的胜利，也就越容易说服对方。

第06章

询问方式灵活：多种问询角度有效击中目标

日常沟通中，基于不同的场合、不同的对象、不同的时机，我们所采取的询问方式也不一样。正所谓“到什么山上唱什么歌”，我们需要采用灵活的询问方式，通过多种询问角度，顺利达到沟通的目的。

试探性询问，从对方答案中找突破

向河水中投块石子，探明水的深浅再前进，就能有把握地过河。在日常沟通中，我们在与对手交流中，也可以先提一些“投石式”的问题，比如，“假如我们订货的数量加倍或者减半呢”“假如我们和你们签订一年的合同，或者更长时间的合同呢”，在略有了了解之后再进行有目的的洽谈。使用这种方法，需要我们作为一个有心人，你可以从对方的回答中发现对方与自己的共同利益之处。你提出问题，对方进行回答，在其中你们就可以根据“问题”的突破口进行洽谈，便于快速达成双方都认可的协议。这其中最重要的是在听对方介绍时要仔细分析、认识对手，发现可以利用之处，再进行深入交谈，不断地发现新的共同利益。

投石问路是一种向对手的试探，也就是在沟通中经常借助询问的方式，来摸索、了解对手的意图以及某些具体情形。日常销售过程中，投石问路是一种常见的方式，作为交谈的一方，你很少从对方那里得到他主动提供的资料，以此来分析商品的成分、价格等情形，便于自己作出合适的决定。在沟通过程中所提出的每一个问题都像是一颗探路的“石子”，你能够通过对产品质量、购买数量、付款方式、交货时间等问题来了解对方的具体情况。

在沟通过程中，不要仓促前行，而是需要谨慎向前，一边询问一边走路，方能获得自己想知道的信息。不断地投石问路能让对方疲于应付，面对这样连珠炮式的询问，大多数对手宁愿适当放弃自己的利益，也不愿意继续回答问题。

投石问路的方法并不是绝对奏效，因此我们在使用这个方法时还应该注意几个问题：

1.询问更具体

在正式沟通中，有的问题太泛泛而谈，让人难以回答；有的问题太笼统了，答案并没有在自己掌控的范围之内。为此，我们可以先问几个是非题或选择题，把对方有价值的话题找出来，再继续往下问。

2.因势利导，巧用对方的石子

有时我们会遭遇对方的“投石问路”，这时不妨针对他想知道更多情况的心理，对其进行有意识的引导，提出反建议，将对方扔过来的石子还给对方。比如，“您问的问题我都答复了，怎么样，请您考虑我的条件吧”。如此因势利导，往往能促进沟通走向成功。

进谏式询问，适时提出建议

作为下属，我们需要适时向领导进谏，向领导提出某些建议或看法，但实际上进谏也是需要讲究技巧的。许多下属都遇到过这样的情况，当自己向领导进谏的时候，却不能够得到领导的采纳，甚至有可能被领导冷落。其实，造成这样的情况并不是在于你所提出的建议和想法不具备可行性，也不是领导很平庸无能，而是在于你向领导进谏的方式不对，很多时候，你直接地向领导提出一些意见，会让他难以接受。

毕竟领导处于权威的位置，他的威信不允许他轻易受任何人的摆布和差遣。如果你直截了当地提出意见，反而会让他有一种不被尊重的感觉。因此，当你需要向领导提出自己的想法时，不妨灵活地采用各种技巧，将自己的建议委婉含蓄地表达出来，让领导轻松接受。

对此，下属可以采取顺势引导的办法，比如，如果你发现你的领导在管理上运用的还是旧思想，也不重视选拔、培养人才，什么事情都事必躬亲，使公司运转效率低下，那你不妨鼓动领导参加MBA学习，接受国内外的先进管理制度，一起讨论公司现在运转中遇到的问题。这样，就会使领导改变自己的管理模式，促进工作的有效开展。

领导并不是十全十美的人，他们在能力、认知方面也会有一些偏差，所以在工作中他们也会出现一些失当的决定。而你作为一个下属，就是需要去发现这些问题，进而有效地解决问题。当然，当你为领导指出一些问题所在时，是需要讲究一定的方法和技巧的，需要寻找一个合适的机会委婉地提出来。这样开明的领导才会欣赏你的决策，进而对你信任有加。

委婉询问，让对方容易接受

在现实工作中，面对一些尖锐的问题，领导者又该如何询问呢？有的领导者在这时依旧把自己的姿态摆得很高，以审判者自居，于是，把那些陷于不幸或处于难堪境地的下属当作应该谴责的对象。他们在询问的时候，语气总是处处露锋芒，提出一些尖锐的问题，诸如问下属“你经常酗酒吗”“你离婚了吗”，等等。虽然，在他们内心深处并没有太大的恶意，但是，如此尖锐的询问会让下属感觉自己是在接受“审问”，同时，那些尖锐的词语或者带着审判意味的语调都会令下属感觉很受伤。

有时候，领导者只是毫不在意地提出了一个问题，但所造成的后果是严重的，下属有可能会因为这个问题而受伤，而心生不快。其实，沟通的目的在于更好地了解彼此，把自己的想法和意见有效地传递给对方，在这一过程，不要给语言穿上“刺猬服”，也不要咄咄逼人，而是需要把温暖传递给对方，减少问题的尖锐度，让对方不会觉得难以承受，这样他会明白你是在关心而不是审问他。

陶行知说：“发明千千万，起点在一问。禽兽不如人，过在不会问。智者问得巧，愚者问得笨。人力胜天工，只在每事问。”其中，“问得巧”就是将那些尖锐的问题“柔”化，或曲解，或迂回，或绕圈子，不露锋芒地获取信息。

古人曰：“曲径方能通幽。”询问也是一样的道理，在现实生活中，许多领导热衷于直截了当地询问，不修饰、不绕圈子，虽然，这样的询问比较真实，但是，它使得问题太尖锐，不具备实际操作性。询问是为了引起谈话双方的兴趣，为话题作好铺垫，这样才有助于话题顺畅地进行下去。

一个问题可能有多种询问的方式，简单地分来，不过是两种：直问和曲问。直截了当、单刀直入地询问叫直问；从侧面或反面迂回地提出问题，叫曲问，问在此而意在彼，它不从常规出发，而着眼于询问的方式，可以很好地照顾到对方的心理。不可否认的是，新颖别致的曲问，已成为领导者日常交际中常用的一种询问方式。

那么，在现实生活中，领导者该如何将尖锐的问题圆润地提出呢？

1.试着了解他人的处境

沟通是建立在平等的基础之上的，作为领导者，我们没有必要带着某种优越感去看待别人，一旦我们有了某种优越感就会导致沟通的失败。所以，面对别人的不幸遭遇，或者面对别人难以开口的问题，不要粗鲁地带着尖锐词语直接质问，而是应采用谈话的方式，试着了解对方的处境。当你发现自己所提的问题比较尖锐的时候，尝试着倒退两三步，试着去理解对方所处的境地，尽量把问题变得圆润而委婉。

2.把刺耳的字眼换成“具体陈述”

在询问的时候，尽量把那些对方听来觉得刺耳、有审判味道的字眼，改成一些具体陈述。比如，主编在询问到下属关于抄袭这样敏感话题的时候，可以这样说，“某学术期刊上面有篇论文跟你上个月交上来的那篇，内容上有重叠的部分，大概有五千字”。虽然这样的“具体陈述”的询问有点麻烦，却显得很具体，听起来没有直接指责的意味，只不过告诉对方你在就事论事而已。

3.必须提出尖锐的问题，可以适当借助“抽象的第三方”

当然，如果是遇到公事上的问题时，你必须提出尖锐的问题，这时候，建议你摆出抽象的第三方来当挡箭牌。比如，在询问到公司里某些贪污的新闻时，领导可以抬出第三方势力来提醒那些下属。比如，“你就任即将满三年了，媒体记者们在报道你的政绩时，恐怕也一定会提到，一直都没有得到你亲口澄清，有关两年前的那则受贿事件的传闻”，当然，这招也可以用在你向上司提出问题时。

询问最为关键的一点是，营造出和谐的谈话氛围。直截了当的询问极有可能会伤了下属的面子，而尖锐的问题只会令下属感到难堪，破坏了原有的和谐气氛。因此，在询问的时候，领导者不妨绕个圈子，采用迂回的询问方式，否则，你难以将话题继续下去。

质疑式询问，敢于挑战权威

每个人都有自己的独立思想，对事物都有着自己的看法。一个年仅十一二岁的小学生能够怀疑科学，挑战权威，也许是他的纯真和不经世事在推动着他发现真理。对于许多成年人来说，特别是处于某个权威领导手下的人，他们的怀疑精神和自信力，是否能如孩子般饱满和坚定呢？

古人说："疑似之迹，不可不察。""于无疑处有疑，方是进矣。"对一些问题，我们要善于质疑，要敢于挑战权威。

哈佛著名的肯尼迪政治学院的南边是漂亮的肯尼迪公园，它算得上哈佛校园里最美丽的景点之一。公园南门的门柱上铭刻着肯尼迪总统在1963年说的一段名言，每天都有千百个早锻炼的哈佛学生从这段名言前经过。那段受到哈佛教授、学生和管理者高度重视的话是："创造权力的人对国家的强大作出了必不可少的贡献；但质疑权力的人作出的贡献同样必不可少，特别是当这种质疑与私利无涉之时。因为，正是这些质疑权力的人在帮助我们作出判断：究竟是我们使用权力，还是权力使用我们？"

这段话鼓舞了数以万计的哈佛学子，哈佛人知道，如果说严格的学术规范是独立思想得以存在的一个基本保障，那么怀疑精神便是独立思想得以形成的一个主要的内在动力。

我们应该经常体验那种最终获得胜利的喜悦，不管是尖锐的质疑还是直率的批判，如果仅仅成为随声附和的跟屁虫，那人生无疑是沉闷无聊的。怀疑精神的培养，不仅是个人思想和学识增进的必需，也是国家和民族能够不断反思过去、质疑现在、求新求变、充满活力的必需。

1.敢于质疑

在课堂上，学生在讨论时是否质疑教师的言论、挑战现存理论和方法，是教师对其进行评分的重要依据。一个学生没有提出过疑问或不同见解，老师对他一般只会有两种判断：要么对这门学科不感兴趣，要么没有学习能力。无论哪一种情况，他都不可能获得很好的分数。

2.敢于发声

我爱我师，我更爱真理。敢于提出自己的质疑，发出自己的声音，在充满自由的思维状态下思考问题，不畏首畏尾，不为传统权威束缚，才能有所创新。理越辩越明，大胆地对问题提出不同的见解，激发自己的求知欲，你就会一步步成为与众不同的成功者。

模糊询问，隐藏自己的真实意图

在日常交际中，每一次询问都包含着一个目的，有可能是纯碎地与他人建立和谐友好的关系，有可能是自己想从对方的回答中获取一些信息。但是，无论是什么样的目的与意图，若是清晰地呈现在问题中，那么，很有可能会令对方产生一些不好的感觉。对方会认为，你的询问、交谈都存在着一定的企图，他会不自觉地选择戒备的心理以保护自己，这样，也就影响谈话的进一步进行了。另外，在国际商业谈判等重大的场合中，更不应该彻底地暴露自己的意图、目的，凡事都应该慎重，这样，我们才能“知己知彼，百战不殆”。

周末，朋友聚会，大家惊讶地发现，离婚多年的王太太竟然又快结婚了。自从上一次不幸的婚姻之后，王太太就打消了结婚的念头，突然出现了这样的消息，朋友们十分惊讶，纷纷询问：“他到底是谁？”王太太笑着回答说：“一个会询问的人，每一次约会，我都是在不知不觉中答应的。”

然后，王太太讲述了第一次约会的情景：“刚开始见面，他就问我：‘网球和电影，你更喜欢哪一种？’我回答说：‘我喜欢看电影。’他接着又问：‘国产片和外国片，你是喜欢外国片？’我笑着回答：‘是的，但是附近的电影城正在上演的是张艺谋的新片，我也很想看。’他也笑着说：‘这样好了，这个周末我们一起去看。’我就不假思索地回答：‘好吧！我们去看。’”

说完，王太太满脸幸福：“每一次和他说话，他总是问这问那，而我根本不知道他为什么会这样问，糊里糊涂就回答了，结果，我就这样被他骗走了。”

王太太未来的老公的高明之处就在于：他从来不透露自己询问的真实意图。因此，王太太很轻松地就走进了“圈套”，不知不觉就答应了对方的邀请。通过王太太的例子，我们不得不说“有效的询问真的是一种智慧”。

人与人之间的相处既是这样，那么，对于蕴含着重大利益的商业谈判，每一个询问更是不容马虎。在沟通过程中，有可能稍微不注意就会透露出自己的意图，让对方占尽先机，从而损失一笔大买卖。有时候，模糊其词的询问还能够引起一个新的话题，而对方却茫然不知。

1.笼统询问

虽然，我们提倡在询问时所提出的问题要具体，但在某些时候，我们需要模糊问题，也就是说，不把问题明确地提出来，而是提出一些有关核心问题的其他问题，这样就可以模糊我们所想提出的真实问题。自然，对方也就不知道你所提出问题的目的了。

2.把意图藏在问题里

在许多沟通场合，我们经常看到这样的询问的画面：有的人对一些人问了许多乱七八糟的问题，看似无关紧要，到最后，却从这些问题中得出了一些有用的信息。善于询问的人，看似问东问西，却是有规律可循的。之所以问东问西，是因为掺杂了一些无关紧要的话题之后，对方就猜不透他们问题的真实意义了。

第07章

引导式询问法：让对方主动说出你想听的东西

日常沟通中，尽管有时我们精心设计了问题，但也会遇到对方不想回答的情况，这并非问题不够好，而是询问时没有很好地引导对方。所以，在询问过程中，我们要善于引导，通过询问某些关键点，让对方主动说出你想听的东西。

用引起注意的询问，来打开对方话匣子

有这样一个寓言故事：有位车夫拉车上桥，坡很陡，走到半路实在拉不动了。他急中生智，用力顶着车把，放声歌唱起来。听到他这么一唱，前面的人都停下来观察他，后面的人想看看究竟发生什么事了，几步走过去追上他，而车夫则趁着这个好时机央求大家帮着推车，于是大家一齐用力，车就这样被推上了桥。在这个寓言故事中，车夫懂得抓住人们好奇围观的心理，本来是自己求人帮忙，通过激发人们的兴趣，唤起对方的关注点，最后却成了大家自觉自愿来帮忙。

当看到对方收藏的书画之后，不妨提出“你对绘画好像很在行呢”的询问。诸如此类情景的询问，不都是为了激发对方的兴趣，从而唤起对方的关注点吗？沟通最大的诀窍就在于此。如果想要打开对方的话匣子，那就先以询问的方式来撬开对方感兴趣的话题吧。

1.引起对方的兴趣

求人办事，首先应该引起对方的兴趣，这样才能让其主动钻进“套子”，继而达到自己的目的。

2.激起对方的自尊心

当你请求对方去做一件事情的时候，不妨先给对方一个强烈的刺激，使对方对做这件事有一定的要求，在这样的情况下，就激起了对方的自尊心，他会很渴望去完成这件事情，而你也将达到自己的目的。

3.运用婉转的表达方式

要想达到求人办事的目的，要学会运用一些婉转的表达方式，说一些委婉含蓄的话，这样会使你事半功倍，同时也能有效地影响对方心理。

宽慰询问，暗示对方忘记伤痛

在我们身边有许多人渴望得到宽慰，他们有可能是失业的朋友，有可能是身患绝症的同事，有可能是正在经历婚变的大学同学，有可能是患重病的亲人，等等。面对这些正在经历伤痛的人，我们能帮什么忙呢？对我们而言，目击他人的伤痛与不安，是一件异常痛苦的事情，我们经常会采取某些行动，想办法解决它。

然而，有的人不懂得宽慰对方，或者为了避免说错话，选择什么都不说，错失了表达关心的机会。其实，当朋友需要支持，或者需要帮助的时候，我们应该尽可能地用言语去宽慰对方，或者付诸一定的实际行动，帮助他们度过最伤痛的日子，这不仅是一种友善的行为，也会令对方心存感激，继而使彼此之间的关系更为亲密。

在心理学上有“言语暗示”这样的说法，因此，我们在安慰生病的朋友时，如果能够给予对方心灵补偿的话，就有可能会促使对方的病情向好的方向转化，比如，“看来，你的危险期已经过去了，这就好多了，以后，你就多了一种免疫功能，比起我们，就增加了一道屏障，不是吗”，这样的宽慰之语会让对方获得一种心理上的满足感，不再为病情所担忧。

适时适宜的宽慰之语，无疑会成为抚平对方心灵的一剂良药，下面我们就介绍几种合适的宽慰言语。

1.同病相怜的宽慰之语

共同的话题是相通的纽带，宽慰对方的时候，如果能把自己曾经类似的遭遇说出来，就很容易产生“同病相怜”的效果了。比如，“去年，我也曾遇到过你这样的情形，当时我咬牙一挺就过去了，相信你也能行的”。

2.醒慰之言

对于一些深陷痛苦的人来说，一般的宽慰之语不能起到作用。这时候，如果能够触及根本，促使对方从伤痛中幡然醒悟，便可以收到宽慰之效。比如，“听着，小王，我年纪比你大多了，懂得人生的真理，那就是不要为你不能改变的东西而哭泣”。

3.诙谐宽慰

有时候，宽慰并不是一本正经地去表达某种同情，它也可以诙谐一点，这样所表达出来的效果会更贴切。比如，安慰失恋的朋友，可以这样说，“你是失去一颗大树，却换来了一片森林呀”。

换位思考，体现理解地询问

在人际交往中，需要体会对方的情绪和想法，理解对方的立场和感受，并站在对方的角度思考和处理问题。换句话说，就是站在对方的立场进行思考。在已经发生的事情中，把自己当成对方，想象自己是出于何种心理导致了这样的心理，最后触发了整件事情。在整个心理过程中，由于先接纳了自己的这种行为，所以也就接纳了对方的这种心理，最后谅解了这种行为和事情的发生，这与古人所说的“己所不欲，勿施于人”如出一辙。

在日常沟通过程中，许多人对我们最初谈的话题并不感兴趣，这时我们该如何通过询问达到自己的目的？不妨在认同对方的观点、听完对方的谈话之后，再站在对方的角度上分析询问，体现同理心，这样反而容易被对方所接受。

在人与人之间的沟通过程中，“同理心”始终扮演着重要的角色。利用同理心询问，就是我们站在对方的角度，同情、理解、关怀对方，接受对方的内在需求，并感同身受地予以满足。利用同理心询问，可以从对方言语的细微处体察对方的心理需求，从而通过语言表达出“惺惺相惜”的感觉，最终影响其心理。

那么，如何利用同理心询问，与对方惺惺相惜呢？

1.站在对方的角度

当对方表露出与自己全然不同的想法时，你应该以同理心表达，“我想听听您的看法，您可以给我说说吗？” 并通过语言分析强化对方想法的正确性，站在对方的角度，再进行积极引导，通过同理心产生的作用影响其心理，来达到我们的目的。

2.表明自己的心意

汽车大王福特说："假如有什么成功秘诀的话，那就是设身处地替别人着想，了解别人的态度和观点。"因此，当对方说出了自己的决定时，我们应该强调对方这种做法的合情合理性，了解对方现在的心理矛盾，以感同身受影响其心理，再巧妙地以询问说服对方。

3.寻找共同的特性

当你仔细观察对方身上所具备的特征之后，你会发现在你们之间其实也有许多相同点，而我们需要的就是传递出"咱们都是一家人"这样的信息，通过同理心来影响对方。比如，"张先生，我也姓张，咱们五百年前可是一家人啊，你说是吗？""王姐，您也是东北人啊，真是太巧了，我也是东北的。"

4.以相同的经历导说

相同的经历会有相同的感受，相同的感受自然会惺惺相惜，我们要巧妙地利用同理心说话，比如，"你以前在广东工作过？我早些年也在广州工作过。""李姐，咱们做女人真的是不容易啊，既要照顾家庭，又要照顾孩子，生活压力真大啊！”以此来影响其心理，再通过适时询问达到我们的目的。

询问对方感兴趣的话题

正所谓“酒逢知己千杯少，话不投机半句多”，在生活中，每个人都有自己喜欢听的话和不喜欢听的话，与人交往的过程中，假如我们谈论别人喜欢的话题，往往会让对方感觉我们很贴心，从而容易达到我们自己的目的。事实上，每个人或多或少都会有自以为很得意的事情，至于这件事是否真的有价值，那就另当别论了。

不过，至少在当事人看来，这就是一件非常有意义的事情。在沟通过程中，假如我们通过询问让对方谈论自己得意的事情，这就等于给了对方一个很好的表现自己的机会，从而使得沟通活动得以成功进行。

威廉·詹姆斯曾说：“人类本质里最殷切的需求是渴望被肯定。”而赞美就是一种更加直接和深刻的肯定，因为赞美满足了人类的本质需求，所以会受到别人的欢迎。假如你希望人际关系更加和谐，那就要通过询问，从对方最值得骄傲的事情谈起。

“我知道，你会讲北京话，还会说广东话。广东话连我自己都说不好，你是在香港学的吧？”在严肃的外交场合，周总理以询问抓住细微之处，从对方得意的事情说起，显得亲切而得体，缓解了双方的紧张情绪，从而缓和了两国之间的关系。

1.询问时态度真诚

在实际沟通中，我们向对方询问时要保持真诚的态度，举止大方，假如可以做到这些，那双方的交际就有了一个很好的开头，这无疑会为后面交际的良性发展打下一个很好的基础。假如我们通过询问，让对方说出自己值得骄傲的事情，或由我们去说出对方的骄傲事情，那么对方肯定会对我们大有好感。

2.询问后适时赞美

我们必须明白，满足对方的虚荣心，适时地赞美，这也是人际交往中必胜的法则之一。只有对方感到快乐舒畅了，那我们才算成功地迈开了交际的第一步。时间长了，我们自然可以顺利地融入到对方的圈子里去。

巧用语言暗示，消除对方的误解

在日常交际中，我们的一些话语或者行为，有可能会使对方心中充满疑虑，这时候如果不及时打消对方的疑虑，交流就无法继续进行下去。当然，我们可以通过言语暗示把自己的想法传递给对方，使对方能够打消心中的疑虑。

李娜小姐因公出差，在火车上与一位男士坐在了一起。火车开了没多久，男士就主动打招呼，李娜觉得自己一个人挺闷，于是就和他攀谈了起来。两人就一些话题聊了起来，可是，聊着聊着，那位男士竟然将话题一转，贸然发问："你结婚了吗？"李娜顿时心生厌恶，迟迟不回答，男士见李娜突然变得不高兴，显得有点不知所措。为了打消男士心中的疑虑，李娜解释说："先生，我听人说过这样的话——'对男人不能问收入'，所以刚才我并没有问你的收入；'对女人不能问婚否'，所以你这个问题我不能回答了。请你谅解。"那位男士听李娜这样一说，尴尬地笑了笑，就不再说话了。

面对男士的唐突问题，如果李娜保持沉默，就会显得不太礼貌。为了打消对方心中的疑虑，也为了给对方一个台阶下，李娜巧妙用语言暗示出自己拒绝回答问题的真实原因，同时，这也使男士意识到自己言语上的失礼之处。

在日常交际中，我们该如何巧妙运用话语暗示来达到自己的目的呢?

1.巧妙引用第三方的话

销售员在向顾客推销的过程中，当他说自己的产品是如何如何好的时候，对方通常都会怀疑他所说的话以及其产品质量。这时候，不妨换一种方式来说这件事情，这样就可以大大消除顾客的疑虑。巧妙引用第三方的话，向对方说出产品的评价，这就是打消顾客疑虑的好方法。比如，你可以这样说，“我的邻居已经用了三四年了，效果很好”。言语中暗示出产品质量绝对能过关，虽然邻居并不在旁边，但这已经有效地打消了对方心中的疑虑。

2.暗示对方的疑虑是没有必要的

针对客户“保险是骗人的勾当”这样的观点，可以解释物价改革的必要性以及影响当前物价的各种因素，并进一步分析保险带来的利益：“即使物价会有所上涨，有保险总比没有保险好。而且我们公司早已考虑了这些因素，顾客的保险金是有利息的。当然！我这么年轻在您面前讲这些，实在有点班门弄斧，还望您多多指教……”通过语言暗示对方的疑虑是没有必要的，影响他人的心理变化，达到说服他人的目的。

3.通过比较来暗示

销售员在推销产品的过程中，可以把退款保障期定为竞争对手的两倍，这样能立即突显出自己的“竞争力”。比如，“产品在销售之后28天内，若发现质量问题，我们承诺百分之百全额退款，而一般的产品退款保障期只有14天……”通过比较暗示出自己的优势特点，从而打消对方心中的疑虑。

一般而言，每个人对于自己心中的想法都有保密的冲动，他们不希望自己的心思被别人看穿。鉴于对方这样一种心理，即便我们猜中了对方正在焦虑的事情，也不能直接说出来，而应巧用话语暗示，正所谓“曲径能通幽”。

第08章

询问中仔细听：探知对方真实内心再有针对性问询

日常交际中，一问一答构成了整个沟通流程，那是否表示在询问时就要不停地问呢？当然不是，在一问一答环节中，有一个关键点容易被忽略，即倾听。当我们抛出问题后，对方作出回答时，我们需要保持好倾听的状态，这才有利于接下来问出更好的问题。

认真倾听，把尊重给对方

在西方有一句谚语：倾听是最高的恭维。英国学者约翰·阿尔代说：对于真正的交流大师来说，倾听和讲话是相互关联的，就像一块布的经线和纬线一样。当他倾听的时候，他是站在他同伴的心灵的入口；而当他讲话时，他则邀请他的听众站在通往他自己思想的入口。生活中，我们经常会遇到这样的事情：如果一个遭遇烦恼的朋友找自己倾诉，那么，我们只需要认真听他讲话，当他讲完了，心情就会平静很多，甚至不需要我们做任何事情来帮助其恢复平静。

在沟通过程中，占据主动位置的一定是会说的人吗？不一定是，有时候，能够把控沟通的主方向的人往往是一些善于倾听的人。卡耐基说："对和你谈话的那个人来说，他的需要和他自己的事永远比你的事重要得多。在他的生活中，他要是牙痛，要比发生天灾数百万人伤亡的事情还更重大；

他对自己头上小疮的在意，要比对一起大地震的关注还要多。”因此，我们必须要学会善于利用我们的耳朵，做一个善于倾听的人，并牢牢地抓住沟通的主动权。

或许，有人错误地认为多说话才能把握沟通的主动权。其实，多说话会给我们带来很多负面的影响，多说有可能会使他人对你产生戒心，认为你有某种企图；说得太多了，他人会对你敬而远之，因为他没有义务当你的倾诉桶；况且，说话这件事，说得多了，难免会出错；有时候，说得太多，暴露的信息太多，就会被别人看穿。

1.倾听会让你受益

布里德奇说：“学会了如何倾听，你甚至能从谈吐笨拙的人那里得到收益。”倾听并不是没有任何意义的随声附和，一个优秀的倾听者可以从说话者那里获取大量的信息，赢得对方的喜欢，达到打动人心的目的。

2.掌握倾听的技巧

不过，倾听也是有技巧的，除了听之外，需要适时地重复对方话语中的关键字眼。当然，倾听比说话更需要毅力和耐心，假如你只是埋头玩自己的手机，或者把头瞥向一边，那么无疑会打击说话者的积极性。

3.倾听是沟通的前提

只有听懂了别人表达的意思的人才能沟通得更好。倾听是说话的前提，先听懂别人的意思，再表达出自己的想法和观点，才能更有效地沟通。同时，听懂了别人的意思，我们才有机会掌握沟通的主动权，如此，才更容易打动人心，达到办事成功的目的。

所以，做一个懂得倾听的人，并将这样的美德沿袭在自己身上，你会赢得比别人更多的机会，获取更多的信息，把握沟通的主动权，能够更加有效地打动人心。

给对方说的机会，从中获取更多信息

在日常沟通中，记住要留给对方充足的说话时间，没人喜欢滔滔不绝的“话匣子”。社会心理研究发现，27%的沟通不成功都源于一方话多、另一方无语的尴尬局面。在生活中，那些通过交流成为朋友的，他们第一次见面时并不熟悉，一切从零开始，随后才开始熟络起来。

现代社会，尤其是许多年轻人，为了让别人接受自己的观点和意见，总喜欢侃侃而谈，有的人还会口若悬河，却不知这样无休止的谈话只会让别人心生厌恶。而在商务谈判中，我们需要做的是让对方多说，给对方说话的机会，让自己成为听众，这样我们才能从其谈话中获知更多的信息。

正所谓“静者心多妙，超然思不群”。习惯于滔滔不绝的人往往是最沉不住气的人，一旦遇到了冷静的对手，他们就最容易失败，因为急躁的心情让他们没有时间考虑自己的处境与位置，也不会静下心来思考有效的对策。

1.对方说得越多，所暴露的信息就越多

著名作家大仲马说过：“不管一个人说得多好，你要记住，当他说得太多的时候，终究会说出蠢话来。”我们每个人都应牢牢记住这句至理名言，要善于制造机会让对方多说，这样我们就能接收到更多的信息。

2.善于从对方的言语中挖掘有价值的信息

当对方在说的时候，我们要善于倾听，并从其所透露的言语中挖掘出有价值的信息。通常情况下，当一个人侃侃而谈的时候，其言语背后是隐藏着许多秘密的，也就是说其言语中隐藏着一些有价值的信息。

倾听中发掘对方的兴趣点

在日常沟通中，话题是必不可少的。大量事实表明，一个人喜欢什么就会谈论什么样的话题，而那必然是他在意的东西，反过来，一个人所谈论的话题中定有其感兴趣的东西。每个人都有自己的在意点，有的人喜欢旅行，有的人喜欢漂亮的衣服，有的人喜欢绘画，而无一例外的，他们这样的兴趣点都将隐藏在话题里，等待你去发掘。如果你能从细微处发现对方比较在意的东西，以对方所感兴趣的话题入手，那么，你已经成功地识破对方的真实心理了。

在沟通过程中，彼此所谈论的主题可以透露对方的兴趣点。毕竟，一个人喜欢什么，他就愿意谈论什么，对自己不是很感兴趣的，他是不会侃侃而谈的。如果对方谈论到小说，那么，他所喜欢的肯定不是历史；如果对方谈论的是车子，那么，他所喜欢的肯定不是火车。所以，在日常谈判中，我们要善于从交谈中“听”出对方的兴趣爱好，并适时把话说到对方心坎上，这样自然可以轻松赢得人心，从而顺利地赢得沟通的主控权。

在生活中，我们都有这样的经历，对于自己感兴趣的、比较擅长的话题，总是愿意去谈论。而这正是每一个人的心理状况，相比较一些生疏而无趣的话题，人们总喜欢谈论自己感兴趣的。因此，在正式沟通中，如果对方总是谈到一件事，那么，证明这件事本身对他很重要，或者，他的兴趣爱好就是此件事。

1.对方往往会较多地谈到自己在意的东西

当一个人对一个话题侃侃而谈，而且越说越兴奋的时候，说明他对此很感兴趣。因为喜欢，他才会不断地重复一些话，才会投入自己百分之百的热情。因此，在沟通过程中，我们要善于观察和倾听，对于某件事情，对方说得越多，越表明这个话题恰恰包括了对方所感兴趣的事情。

2.谈判前搜集较多的关于对方的资料

在沟通过程中，要想准确地了解到对方的兴趣爱好，不仅需要在交谈时仔细观察，还需要在沟通之前做足功夫。比如，我们所要拜访的是一位美术老师，那可以确定他所感兴趣的一定是美术，即便美术不是他的爱好，他是因为生存需要才选择了进入美术这个领域，对他而言，美术也是他最熟悉的东西。只要我们准备一些谈话的资料，那在交谈过程中就可以准确地知道对方所感兴趣的东西了。

3.试探性询问

当我们不知道对方感兴趣的东西是什么，这时我们可以通过试探性询问，去发掘对方的兴趣点，这样对整个沟通也是很有帮助的。假如我们既不知道对方感兴趣的东西是什么，也不愿意通过试探性的询问去挖掘，那最后我们将在此次沟通中一无所获。

从对方言语中抓住潜在价值

在日常生活中，我们与对方的交流沟通，实际上就是一场心理上的较量；而且，彼此都带着各自在意的重点，以此来达成共识。如何才能打动对方呢？这需要我们仔细观察，从对方言语中抓住对方潜在的“利用价值”，再以其在意的东西作为“利诱”，这样一来，对方肯定会心动，而不得不答应我们的请求。而且，我们以其在意的东西作为“利诱”，如此来暗合对方的心理，会让对方感到很受尊重，在无形之中，也拉近了彼此的距离。

有时候，对方潜在的“利用价值”往往是他的把柄之一，他有可能会为了某些欲望而放弃之前所提出的条件，在此时，我们趁虚而入，对方就会在交流中败下阵来。在这里，所谓的“利用价值”，也就是其最在意的东西，诸如头衔、利益，等等。

三国时期，邓芝受命出使东吴。他到了东吴，孙权对他很怀疑，因此不肯接见。过了两天，邓芝给孙权写了一封书信。孙权一看，只见书上写道：“臣今到此，非但为蜀，并且为吴。若大王不愿见臣，臣就走了。”孙权犹豫不定，一些大臣也都想刁难一下邓芝。后来，孙权采纳了张昭“先给邓芝个下马威”的意见，在殿前放一个沸腾的油鼎，命武士各执兵器，站立在两侧，召邓芝入见。

邓芝听孙权召见他，便从馆舍出来，毫无惧色，昂首走入大殿。邓芝进入殿内，就对孙权说：“我特为吴国利害而来，大工却设兵置鼎，以拒一儒生，可见大土度量太小。”孙权听后，觉得很惶愧，忙令人赐坐。邓芝问道：“大王欲与魏和呢？还是与蜀和呢？”孙权说：“孤非不欲和蜀，但恐蜀主年幼国小，不足敌魏。”邓芝侃侃道：“大王为当世英雄，诸葛亮亦一代豪杰。蜀有山险关隘，吴有三江，若互为唇齿，进可兼并天下，退可鼎足峙立。如大王甘心事魏，魏必然会征大王入朝，索王子做质子，一不从命，便起大兵讨伐，那时蜀国再顺江东下，臣恐大王两面受敌，江东之地不能复有了，请大王熟思!”为赢得孙权的信任，表示诚意，邓芝又说：“若大王以为愚言是不可取的谎言，吾愿立即死在大王面前，以杜绝说客之名。”说着，撩起衣服，就装作向油鼎跳去的样子。孙权忙令人将邓芝拦住，请入后殿，以上宾之礼相待。

刚开始，孙权不愿意接见邓芝，邓芝就直言不讳地说：“臣今到此，非但为蜀，并且为吴。”不仅为蜀国而来，也为吴国而来，似乎蜀国与吴国有着牵扯不清的关系。后来，在整个谈判过程中，邓芝详细地解释了：“诸葛亮亦一代豪杰，蜀有山险关隘，吴有三江，若互为唇齿，进可兼并天下，退可鼎足峙立。如大王甘心事魏，魏必然会征大王入朝，索王子做质子，一不从命，便起大兵讨伐，那时蜀国再顺江东下，臣恐大王两面受敌，江东之地不能复有了，请大王熟思！”原来，蜀吴两国互为唇齿，如果蜀国没了，那吴国的屏障也就失去了，这样一来，大家岂不是在同一条船上？最终，孙权明白了其中的利害关系，他被邓芝一番恳切的言辞打动了。

1.找到对方的利益所在点

每个人心里，都会有一定在意的关于利益的东西，有可能是金钱，有可能是名声，有可能是地位。因此，在沟通的过程中，我们要善于以对方在意的利益作为“诱饵”，以此达到打动对方的目的。

2.找到对方的兴趣所在

每个人都有自己的兴趣爱好，因此，在交流过程中，我们要想办法找到对方的兴趣点。可以在与对方交谈之前做好准备工作，打听对方有什么兴趣爱好；也可以通过自己的观察或询问来获知对方感兴趣的事情。

3.给对方一点甜头

有时候，不妨给对方一点好处，这样对方也会从中获得一些恩惠。比如；“你过来我包你车费，还请你到处转转，咋样？”“只要你给我把这件事办好了，我就送你一个爱马仕包包。”“我前天在上海给你捎带了一条裙子，你看什么时候过来拿去吧。”

4.给对方一个响亮的头衔

响亮的头衔就相当于一碗迷魂汤，一点点地迷醉对方，让其在名声的诱惑中、心理的满足中答应我们的请求。俗话说：“佛要金装，人要衣装。”头衔也有它的作用，这样的作用还不小。头衔就犹如名字的装饰品，它华丽堂皇，令那些听的人都心生羡慕、嫉妒，与此同时，也令当事人感到莫大的荣幸与骄傲。

注意揣摩对方的肢体语言

现代心理学的研究证明：一个人不经意间表现出来的小动作能够反映出这个人的真实性情，或者对别人所保持的态度以及意见。比如，在日常交流中，对方看起来很认真地在听，但是，在桌子的下面，他的手指在不停地反复敲击着。这样的小动作表示这个人实际上与他的表面是相反的，他一点也没有将心思放在交谈上，心不知道飞到哪里去了。因此，在生活中，如果我们能仔细观察他人的小动作，那么，我们可以看出其真实的性情。

在日常沟通中，我们会发现，几乎每个人都有其特别的小动作，而这些不经意表现出来的小动作恰好能直接反映其真实性情和真实想法。

小白是一个话很多的人，经常逮着机会就与同事大侃起来，也不管对方愿不愿意听。为此，坐在他旁边的小李可就遭殃了，每次小白都会转过身来，兴致勃勃地说些自己碰到的趣事，小李虽说表面不好拒绝，但他总是不安地用笔杆敲打桌面，以此表达自己的意思。小白却是一个马大哈，他不明白小李为什么喜欢敲桌子，不过，他什么也不想，还是自顾自地说话。

有一次，小白碰到了学心理学的朋友。在聊到小动作的时候，小白突然想到了小李，他问道：“当一个人总是用笔杆敲打桌面的时候，他心里在想些什么呢？”朋友回答说：“这样的小动作，大多表示他对你所讲的话已经感到厌烦了。”“啊？”小白恍然大悟，后来，在办公室里，他收敛了自己的个性，不再经常缠着小李说话了。

小白通过向自己学心理学的朋友询问，发现同事的小动作是想告诉自己：我对你所讲的话并不感兴趣。在我们身边，每个人都有那么几个常见的小动作，我们可以通过观察对方的一些小动作来探知他们对我们的意见。另外，一些心理实验表明，如果你与一个你很讨厌的人在一起，只会出现两种相对的反应：一是太随便，根本不在乎对方的想法；二是太拘谨，看起来无所适从，甚至，不知道该把手放在哪里。而通过他人表现出来的不同反应，我们正好可以推测出对方的真实性情。

每个人都有心情不好的时候，特别是对于别人造成的情况，会表现得更突出，从而表现出烦躁不安。这些情绪除了通过面部表情及口头语言表现出来以外，还通过一些小动作显现出来。下面我们就介绍几种常见的小动作。

1.喜欢用嘴咬住一些物品的人

有时候，我们经常会发现有的人喜欢用嘴咬眼镜腿、铅笔或者其他一些物品。这一类型的人喜欢我行我素，不喜欢受人管制。他们做出这样的动作，是想掩饰自己恶劣的情绪，不想让别人知道。在这种情况下，你千万不要上前搭话，以免加重其恶劣的情绪。但在有时候，这样的小动作也无法克制他们内心的不满情绪，他们的情绪有可能会进一步恶化，有可能在突然之间爆发出来。

2.习惯用手拢头发的人

有的人喜欢用指尖拢头发、轻搔面部，或是把食指放在嘴唇上。他们这一类的人性格比较开朗、乐观，虽然在面对生活或工作中的困难时也会出现失望、沮丧的心情，但是他们能在最短时间内调整好自己的心态，坦然面对这一切，并致力于寻找解决问题的办法。

如果有人在你面前做出这样的小动作，那就表明他对你的谈话没有多大的兴趣，显得有点左顾右盼，漫不经心。他或许正在思考自己的问题，并且认为你是在打扰他，但他会碍于情面而不表露出来。

3..喜欢两手互相摩擦的人

有的人习惯两手不停地摩擦。这一类型的人对自己充满了信心，喜欢挑战自我，并且在成功的路上敢于承担一定的风险。他们一旦决定去做某件事情，就会一直坚持下去，不会轻易改变主意和行动方向，所以他们在某些时候显得比较固执。通常他们摩擦双手就是烦躁不安、心情郁闷的时候。

4.习惯用手抚摸下巴的人

有的人习惯于用手抚摸下巴或者抓着下巴。做出这样小动作的人大多比较世故圆滑，有较深的城府。他们这样不断地抚摸下巴只是想使自己镇静下来，克制自己内心的不满情绪，以免自己在冲动之下做出什么举动来，同时，他们也在思考下一步的对策。

第09章

注重互动体验：切忌自说自话不顾及对方感受

沟通本身就是“你一言我一语”的过程，一个人询问，一个人作答。所以，我们在实际询问过程中，要注重互动体验，千万不要自说自话不顾及对方感受，在适当的时候，应及时作出反馈，让对方感受到被尊重。

反馈效应，让对方有兴趣说下去

在日常沟通中，当对方在说的时候，我们需要做的是否只是保持“听”的姿势呢？答案当然是否定的，事实上，我们在倾听时需要给予积极的反馈，让对方感到备受重视，这样我们才能有效地打动对方。

在这里，会涉及心理学中的“反馈效应”，反馈效应是指向诉说者反馈自己的尊重与关注，这会使诉说者感到自己和自己的谈话在他人心里很重要，一定程度上能起到正性强化作用。心理学家通过大量研究发现，每个人都喜欢和尊重自己的人沟通。

小A兴致勃勃地冲进办公室，对着同事小文大声嚷嚷：“你猜，我今天在电梯看见谁了？”“谁啊，是不是隔壁办公室的某某啊？”小文好奇地追问。“不是啦，我看见明星了，他好像是来代言广告的，那时候我的心都差点停止跳动了。”小A还沉浸在兴奋状态里。“真的？那个明星是谁啊？电视上和真人相比，哪个更帅些？”小文不住地追问。小A拉过一张椅子，打算坐下好好聊。

适当的询问表现出你对对方的谈话很感兴趣，也让对方更有兴趣继续讲下去。

如果只是敷衍而木讷地听对方讲述也是不行的，还需要鼓励对方继续说下去，所以，在沟通的过程中要适时地询问，以激起对方的注意和说话的欲望。另外，一个人唱独角戏的滋味真的不好受，这让对方觉得自己没有受到足够的尊重，而且，适时地询问其实也是一种反馈的行为。

那么，在听对方诉说的时候，我们该如何进行有效的反馈，才能让对方感觉到备受尊重呢？

1.重复对方的意见

在倾听过程中，你可以适当重复对方的意见，比如，“你刚才的意思或理解是……”等等，这样会激励对方继续说下去。

2.及时查证自己是否了解对方

在谈话过程中，你可以说，“不知我是否理解了你的话，你的意思是……”一旦确定了自己对对方的了解，就需要给予积极实际的帮助和建议。

3.避免不良习惯

当然，反馈并不是开小差，也不是随意打断别人的话，更不是借机把谈话主题引到自己的事情上来，更不能随意作出评论和表态等，因为这都是不准确的反馈，效果会适得其反。

4.非语言反馈

非语言技巧包括点头、微笑，在倾听过程中，适时的微笑与点头，会让对方感到你对他的谈话很有兴趣，他就会愿意与你交谈并对你留下很好的印象。

5.适时询问

在倾听过程中，要把握询问的时间。一般，当对方正在诉说事情的时候，不要打断对方询问，需要等待合适的时机再进行询问，比如，对方说完之后有稍微的沉默，这就是最好的询问时机。

巧用反问，将自己解脱出来

在沟通过程中，免不了会遇到别人提出的一些问题。而不是所有的问题都是友好的问题，有的问题没有必要回答，而这时候就需要学会拒绝回答问题。但是很多人都有这样的体会，别人对你提出了某个问题，出于理智的考虑应该拒绝，但是出于某种交际的缘故，直接拒绝又会破坏彼此之间的愉快气氛，而且有损自己的形象。不可否认，我们不希望因为拒绝回答问题而使交谈陷入困境，使对方感到不快。

因此，我们有必要学习运用一些正确而巧妙的拒绝方法，既达到不回答问题的目的，又不使对方感到难堪。这时候，不妨巧用反问，将难题返还给对方，将自己解脱出来。

一般而言，反问有三种情况：一是回击对方刁难、攻击自己的话语；二是反驳对方的人品；三是反驳对方话语中所提出来的建议。其目的在于，帮助自己摆脱尴尬，同时，巧妙地将难题返还给对方。

反问就是对问话的否定。答案就在问话之中。当自己不能回答出对方所提出的问题，使整个话题陷入了窘迫的境地时，应该采取反驳式的回问，将难堪的问题抛给对方，自己则能成功地从难堪境地中解脱出来。

其实，反问是用疑问的形式来表达肯定的意思。运用反问能够增强语势，把原来肯定的意思表达得更鲜明，不容置疑，这样的表达方式比正问更能产生力量。反问把答案寓于问句之中，而它所表达的思想内容与句子的表面意思相反：

如果语句表面意思是肯定的，那么思想内容则是否定的；反之亦然。

1.将问题原封不动地抛给对方

有时候，对方会问一些我们不知道该如何回答的问题，这时候，如果你真的不知道该如何回答，就不妨将这个问题原封不动地还给对方。比如，对方会问，“听说你们公司即将倒闭了，这是真的吗？”这时，你不妨反问，“我不清楚这件事情，你知道吗？我还希望你能给我说说呢！”一下子就将对方说得哑口无言。

2.打太极

如果对方想问的是某些关于自己的隐私问题，不妨打打太极，故意模糊对方的问题，转移话题。比如，对方会问“你一年的收入大概是多少”，你可以模糊回答“如果我想去全国旅游，应该是没有问题”，至于这趟旅游的花费到底是多少，你不知道，他更无法知道了。

3.诱导对方自己否定自己

有时候，对方会提出一个不可思议的问题，而你又不知道该如何回答他，这时，不妨诱导对方自己否定自己。比如，拿破仑曾对自己的秘书说，“布里昂，你知道吗？你也将永垂不朽了！”秘书不理解，拿破仑说：“你不是我的秘书吗？”布里昂明白了，笑着反问：“请问，亚历山大的秘书是谁！”如此一个反问，使得拿破仑否定了自己之前的论断。

如何应对不想回答的问题

一般来说，好的拒绝应表现为拒绝对方的问题，而并非拒绝对方的人。这就是说，应该明确无误地拒绝对方提出的问题，使对方明白自己所提出的问题被拒绝了，但是要委婉妥当地善待对方的情感。比如，在拒绝了别人提出的问题之后，你可以再表述一下自己的同情、理解或歉意。有的谈判者在拒绝回答对方询问的时候，由于担心伤害到对方的感情，结果讲话吞吞吐吐、躲躲闪闪，让人不明白自己的问题到底是被拒绝了，还是没有被拒绝。这种很模糊的态度一般不可取，有时候还可能给自己惹麻烦。

那么哪些问题是不需要回答的呢？大致来说，就是那些关系企业内部机密的问题；那些无关紧要的小问题；还有就是涉及谈判者自身的私人问题。在面对他人提出的这些问题时，你可以用巧妙的方法进行拒绝。

当然，拒绝回答别人问题的方法很多，下面我们简单地介绍一下：

1.顺势诱导

有时候，面对一些你不想回答的问题，你可以顺势诱导，巧妙地拒绝对方。

2.肯定、否定并用

有时候对方所提出的问题有一定的合理性，但出于某些原因你又无法予以回答。此时你可以用肯否并用的方法，先肯定对方问题的合理性，然后再拒绝回答其提出的问题。这种方法的语言表达形式经常是转折关系的复句或句群。

3.重复已知

有时候，面对别人提出的问题，你不想回答，就可以采用重复已知信息的方法进行拒绝。

4.沉默而微笑地拒绝

有时候，在面对一些不必问答的问题时，你可以适时地以沉默拒绝，但是千万不要板着一张冷冰冰的脸，而要微笑地看着对方。用你的无声语言告诉对方，这个问题不想回答，也没有必要回答。

攻心询问，彼此之间寻求共鸣

在沟通过程中，人与人是很难在一开始就产生共鸣的，尤其是当我们试图说服对方或者对他人有所求的时候。那么，如何从中寻求到共鸣呢？共鸣是一种强烈的心理感应，意味着双方之间有共同的心理体验。所以，当对方在回答我们所提出的问题的时候，我们需要及时给予心理询问，表达出对对方回答的理解之情。

在沟通过程中，我们希望得到他人的支持，希望别人能感受我们所感受的，最好的办法就是让对方站在我们的立场看待问题。这样，他就能真切感受我们所面对的难处，自然而然就会全力支持我们。

1.重复对方的某些话语

当我们提出问题之后，对方定会针对我们的询问作出一些回答，这时我们应该仔细倾听对方的回答，并适当重复这其中的某些话语，表达出自己的理解之情。这样，对方就能感觉到我们内心的真挚，自然会对我们产生好感。

2.学会制造共鸣

在实际沟通中，要想与对方成为朋友，就要学会分享他的思想和情感；要想对方能够敞开心扉，就需要解除他的心理防线。尤其是在询问的过程中，我们要给予那些回答问题的人及时的反馈，制造出共鸣，表达对对方回答的理解之情。

适度自我暴露，缩短心理距离

在实际沟通过程中，那些有经验且明智的语言专家总是告诉新手应当坦诚相待，这样可以让对方更多地了解你，同时你也可以更多地了解对方。用伪装和欺骗去换取对方的坦诚，并把这种手段视为沟通的高超技巧，这实在是一种错误的想法，最终你所获得的将远远少于你所失去的。

在实际沟通过程中，并不是我们一询问，对方就会给予我们想要的答案。在很多时候，对方的回答是需要我们进行诱导的，或许那是对方不愿意正面回答的问题，这时我们就应该适时自曝秘密，诱使对方作出回答。有时候，即便我们配合了很好的表情和语调，对方对于我们的询问还是会不理不睬，但他们眉眼之间好像有什么难言之隐，这时该如何让对方开口呢？

作为询问者，我们需要考虑到自己所提出的问题的敏感性，如果你想让对方开口回答这个问题，那就不妨先说出自己的一些秘密，以此引出询问。这样，在话题的延伸之下，对方会觉得这个问题是合理的，自然就愿意作出该有的回答了。

彼此之间的自我暴露频率是衡量关系程度的标尺，一些良好的人际关系，是在人们自我暴露次数慢慢增加的过程中发展起来的。当我们对一个人的接纳性和信任感越来越高，我们也会越来越多地暴露自我，同时，我们还会要求别人越来越多地暴露他们自己。

总而言之，人际关系是由自我暴露和相互信任开始的，当一个人开始自我暴露时，这便是信任关系建立的标志。而对方则会以同样的自我暴露作出信任的回应，这种自我暴露的反复交换，会直到双方真正建立友好关系为止。

1.互换秘密

有时候，为了让对方回答自己的问题，我们也可以适当说出自己的一些秘密。当然，如果通过在自己的叙述中提出问题，这样的经历或故事大概是相似的。

2.诱导对方作出回答

有时候因为所提的问题涉及了敏感话题，对方自然是不愿意回答，或者说不想回答。这时我们就应该努力撬开对方的嘴巴，甚至不惜说出自己的秘密，去诱使对方回答我们所提出的问题。

第10章

询问的小技巧：让你的询问更有触动性

日常沟通中，询问也是讲究技巧的。我们在询问时要时刻迎合对方的需求，需要了解对方真正关心的问题是什么，关键的问题在哪里，否则只能处于被动位置，即便一直在询问，也仍会毫无获得。

别喋喋不休地审问

在生活中，许多人总是喋喋不休地追问："你叫什么名字？""为什么叫这个名字？""你家住在哪里？""那个地方好像很远呢，你是怎么来的？""你在做什么工作？""这个工作全靠口才，你是怎么做到的？"他们这种喋喋不休的审问简直比唐僧的唠叨还可怕，直把人问得彻底崩溃。

小王平时是一个习惯什么问题都打破砂锅问到底的人，他对任何人都是一样。平时，同事只要听到他开始询问了，就马上寻找个借口离开了。

有一次，他问公司的老员工李主任："李主任，你当初是怎么顺利通过实习的呢？"李主任回答说："我只是做好自己的分内之事，做好自己应该做的事情。"这时小王又问："那你当时的工作任务困难吗？"李主任笑着说："和你现在做的工作差不多。"

然后，小王开始喋喋不休地发问："你实习期间都学到了什么？""当老板决定重用你的时候，你很高兴吗？""你当时在公司经常参加聚会吗？""正式上班后，你在哪个部门？""你现在这个职位是如何一步步来的？"

原本心情还不错的李主任听了这一连串问题，彻底表示无语了。他完全没有任何兴趣来回答这些问题，只能用简单的"啊""嗯""哦"之类的回应。

在上面这个案例中，李主任之所以会心生不悦，就是因为小王喋喋不休的询问让他有一种被当作犯人的感觉。所以，当他情绪变得不佳的时候，他便没什么心情回答问题了。

在日常交际中，假如你还使用这样喋喋不休式的追问，那对方不会愿意听到你的问话，或者虽然对方有足够的时间来回答你的问题，但面对你一连串的审问，他们根本没有回答问题的兴致。有时候，反而是适当的一两句询问产生了好的效果。

小宝贝做错了事情，生气的妈妈大声训斥："你怎么可以这样做事呢？""你不知道这样做是错误的吗？""知道是错误的，为什么还要这样做呢？""下次遇到同样的事情，你应该怎么做呢？"

结果，妈妈的这种唠叨式的询问，让孩子产生一种恐惧感，他们害怕多说一句话，或者干脆不说话。事实上，孩子并没有将妈妈的话放在心上，所以这样的教育根本没起到作用。

在生活中，我们经常听到警察问人：“家住哪里？”“家里几口人？”“在哪里工作？”“今天在干什么？”“那天你在哪里，跟什么人在一起？”这些问题不管是连续性，还是询问的语气，都采用审问式，因为不想给犯人思考的空间，所以问题是连续不间断的，让犯人有一种压迫感。

习惯不断追问的人，其性格是以自我为中心的，这是他在身心发展过程中随着个性的发展而形成的，是自我意识发展的畸形产物。一般而言，一个人习惯喋喋不休地审问式询问，往往是由于其太以自我为中心、内心缺乏安全感，或者性格比较强势。

在痛苦、磨难、疾病、挫折面前，情绪都是受到感情支配的，这时候假如我们用真诚的问候对他进行劝慰，那对方就会减少一些敏感和抵触心理，自然会听从我们的劝导。但是，假如在对方情绪不佳的时候，我们还是以审问式方式进行询问，那往往会引起对方的反感。

在实际沟通中，凡事总以自己为中心的人，只希望满足自己内心的欲望，他们不会理会别人的需求，表现得非常自私，只懂顺着自己的好奇心不断地追问下去，从来不为别人着想。我们需要记住，对方并不是犯人，千万不要将询问变成审问。

1.别追问对方

在日常沟通中，对方一旦感觉自己好像一个犯人，处于被审问的位置，那就会有一种被胁迫的感觉，从而产生防卫心理和行为，甚至对我们产生强烈反感。对于说话者而言，这样的询问方式往往是欠妥当的。

2.态度温和

在实际询问中，假如我们能够耐心一点，提出“听说你和他闹别扭了”“那么关系一向不是蛮好的吗，发生什么事情了”等问题，那对方就会有倾诉的欲望，我们也会适时了解对方的想法，然后进行很好的劝慰。

3.少说多听

在询问过程中，我们需要尽量避免喋喋不休的询问方式，学会克制自己，善于引导，让对方多说一些，自己多听一些，然后在这个基础上，有意识地将对方的思路和话题引导到自己想询问的方向，最终实现自己的目标。

问得多，不如问得巧

在生活中，有的人自诩很会询问，他们通常会问这些问题："你目前最满意的作品是哪一部呢？""你目前的作品都偏向文艺，你觉得自己可以尝试一下喜剧吗？""目前你还是单身吗？""那么，你对爱情有什么打算呢？""目前有没有比较欣赏的异性？""除了工作，你还有什么爱好呢？"问题是不少，而其中有的问题得到了答案，有的询问却得不到对方的应答，或者说根本不被对方理会。

好的询问能够帮助一个人在人群之中更好地凸显出自己的个性，在无形之中对别人产生深刻的影响，让一大批志同道合的人围聚在他的周围，心甘情愿地与他并肩，共同去创造美好的事业。

在询问的时候，假如言辞单调、词汇匮乏，那很容易提出一个废话式问题。为什么会造成这样的情况呢？假如你用废话询问，那问得再多，所得到的也是废话。正所谓，问得多不如问得巧，假如你问到了点子上，那三两个提问就解决了所有问题。

1.先了解对方再询问

在实际交际中，我们面对不同的人要选择不同的询问方式，比如，对方性格直爽，那询问就应该豪爽点；对方比较内向，那询问需要注意言辞；假如所面对的是专业人士，那就要使用专业词汇，否则就落了个在行家面前“班门弄斧”的笑话。

2.摒弃坏问题

假如我们不确定自己的询问是否是废话式问题，那不妨将自己当作询问对象，问自己这个问题，然后站在对方的角度来回答这个问题，假如是废话式问题，那就坚决摒弃。因为假如你用这样的问题询问，那你所得到的答案也将是废话。

自己询问，自己回答

在日常交际中，有时候我们自己询问了，并非需要对方来回答，这时候所采用的就是“设问”。或许，有人觉得，在沟通中应该不会用到“自问自答”的设问，实际上，这也是一种有效的询问方式，通过自问自答，往往可以成功地引起对方的注意力。在某些特定的环境下，为了引起对方的注意，以自问自答的形式，故意先提出问题，自己询问，自己回答，这不仅可以引起对方的注意，而且能够启发对方有效思考。

当然，我们在使用自问自答的时候，也需要注意自己的言辞是否符合语境。此外如果没有掌握足够的知识，胡乱自问自答，那只会贻笑大方。

古人说“腹有诗书气自华”，也正是这个道理。没有知识修养的人，无论有着多么高的社会地位，在讲话时也会留下笑柄。

在众多询问方式中，设问也是必不可少的一种询问方式。通过自问自答强烈表达自己的思想与观念，引起对方的注意和思考，同时引出自己想要说的话，起到承上启下的作用。在实际询问的时候，我们可以将此方法灵活运用，达到自己的目的。

善用激将法，激发对方的潜能

在生活中，我们无论做什么事情都需要潜在的竞争，只有竞争才能激发内心超越自我的欲望，才能更好把这件事情完成，甚至爆发出前所未有的潜力。很多领导就很善于发现员工的这一心理特点，他们会通过一些灵活的方法，激发下属超越自我的欲望，从而使工作效率得到大幅度提高。

三国时期的诸葛亮就十分善于运用激将法。在马超率兵来犯时，张飞请令出战，诸葛亮却故意说："马超家世代簪缨，马超勇猛无比，在渭水把曹操杀得大败，看来只有调回关羽来才行。"这一下激恼了张飞，他立下军令状，出战马超，最终使马超投降。张飞本来是一员猛将，而自傲的情绪有可能会影响他能力的发挥，而诸葛亮的激将法起了重要的作用，使张飞在愤怒之下迸发出更大的力量，于是打败马超，使之投降。

有一家空调制造厂，因为员工一直完不成定额，主管非常着急，他已经用尽了所有的办法，说尽了好话，又是鼓励又是许愿，甚至采用了"完不成定额，就走人"的威胁手段，可是还是没有一丝的效果。他只好向总经理作了如实的汇报。

总经理在主管的陪同下走进了工厂，当时，日班马上就要结束了，总经理问一位工人："请问，你们这一班在今天制造了几部空调？""5部。"那位工人回答。总经理没有再说话，只是拿了一支粉笔在地板上写下一个大大的数字

“5”，然后转身离开了车间。夜班工人接班的时候，看到了那个“5“字，便问是什么意思，那位准备交班的日班工人详细地作了解释。夜班工人看着那个“5”字，越看越觉得刺眼。

第二天早上，总经理再次来到工厂，他看到夜班工人已经把那个“5”字擦掉，重新写上了一个大大的“6”字。而日班工人接班的时候当然看到了很大的“6”字，他们毫不示弱，抓紧时间干活。当天晚上下班的时候，他们在地板上留下了具有示威性的特大数字“9”。情况逐渐有所好转，而工厂的产量也大幅度增高。

如果领导希望能够圆满地完成工作，那么就要使员工之间形成良性的竞争，有了竞争，才会激发员工超越自我的欲望，才有可能超额完成任务。对于每个人来说，最大的竞争对手不是他人，而是自己。他人的存在不过是为了激发自己内在的潜能。所以，领导在工作中也要善于激发员工争强好胜的心理，使他们能够有勇气战胜自己。

吴先生是一家大型企业的总裁，他就因善于激发员工的好胜心而创造了一个又一个的奇迹。一次，吴先生研发了一个新产品，他需要一位卓越的推销人才去为新研发的产品打通市场，这是一件异常艰巨的任务。吴先生经过几番斟酌，他选定了公司里一位颇具能力的新员工。

“带着新产品去打通市场，怎么样？”吴先生轻松地问被召见的新员工，“我现在急需要一个有能力的人去给我做销售顾问。”

那位新员工大吃一惊，他当然知道这个任务的艰巨性。他不得不考虑自己的能力，考虑这是否是在自己的能力范围之内。

吴先生见他犹豫不决，便微笑着道：“害怕了？年轻人，我不会怪你，这本来就是一个艰巨的任务，它更需要一个有能力的人来负责！”

这句话激起了那位新员工的好胜心，他最终接受了挑战，并引领着新产品开始了漫漫的销售之路。

好胜心与爱挑战是每个人的天性，对于很多工作，只要领导善于激励，员工就一定会以最大的热情去干，并干好这些工作。一位成功的领导者应该善于激发下属超越自我的欲望，因为这确实是使员工振奋精神、接受工作上的挑战的最为可行的办法。

激将法，就是利用别人的自尊心和逆反心理中积极的一面，以“刺激”的方式，激起对方的不服输情绪，将其潜能激发出来，从而得到不同寻常的说服效果。激将法是一种很有力的口才技巧，在使用时要看清楚对象、环境及条件，不能滥用。同时，运用时要掌握分寸，不能过急，也不能过缓。

第11章

小心询问雷区：顺利问询要以相互尊重为前提

问题总有好坏之分，那些不恰当的询问就是错误询问，堪称询问的雷区。在生活中，人们总存在尴尬、窘迫或私人的事情，这些是难以启齿的问题，是询问的禁忌。那些惯常的错误询问，往往会给自己和他人造成一些不必要的麻烦。

不合时宜的问题不要问

在人际交往中，西方有“女士不问年龄，男士不问收入”之说。西方人在与女士交往中，常常对女士大加赞赏却从不问年龄。不过，大部分中国人在这方面不太讲究，经常见面就问女士的年龄、婚姻、收入等等，弄得对方不愿意回答，不回答又似乎不礼貌，往往出现双方都比较难堪的场面。在实际社交中，由于人际关系复杂，保留隐私既是个人安全的需要，也在法律保护之列，即便是好朋友，也不可随便乱问。毕竟，这涉及一个人的为人修养，也关系到对方对你涵养的评价。

露露在某商场卖服装，平时除了向顾客推销衣服之外，她最喜欢的事情就是向身边的同事问东问西。

有一次，隔壁柜台的小丽无意间向露露透露对面卖鞋柜台的小丹是一个未婚妈妈，而且孩子的爸爸不知道去哪里了。从此，露露有事没事就跑到小丹那里去聊天，满脸很关心地问孩子的近况。

最开始的时候，小丹对露露的关心比较感谢，毕竟关心自己的人并不多。慢慢地，小丹发现露露越问越多，不但问自己是如何跟孩子的爸爸认识的，还问自己为什么孩子的爸爸不见了。小丹认为这是非常隐私的问题，就没有跟露露说。露露问了好几次都没有结果之后，心里很是不满，并把小丹的事情告诉了卖场的其他几个人。

小丹怕自己的事情被越来越多的人知道，赶紧让露露过来，让她不要再多说。没想到，露露对小丹说："其实我这也是关心你，你不让我说也可以，那你可以告诉我，孩子的爸爸究竟是为什么抛弃你们母子俩？"无奈的小丹只能吞吞吐吐地说出一些内情，结果，这次露露忍耐了几天，真没出去说小丹的事情。不过没过多长时间，露露又开始问："那孩子的爸爸现在在干什么？你们还有联络吗？"小丹见露露越问越多，索性就不理她了，岂料露露把这件事弄得沸沸扬扬，满城风雨。

非常生气的小丹在后悔之余，只能辞职离开这个是非之地。

在生活中，一些不懂得社交言谈禁忌的人需要注意了，假如你经常有意无意地打听别人的家世背景、工作进度和其他同事之间的关系，然后将对方的隐私作为自己茶余饭后的谈资，让其成为所有同事乃至领导都知道的“秘密”。那么，最终，你会变得一个朋友都没有，所有的人都会离开你。

我们在社交场合谈话、闲聊可以尽量轻松愉悦一点，但同时也要懂得一些问题是不可以随意提出来的，否则容易引得大家都很尴尬、难堪。别人可能会由此觉得你本人不够成熟稳重，影响你以后与重要朋友的来往。有些人极可能因为你提出的一个不合宜的问题，就决定不和你深交，这样一来，你损失就惨重了。

那在社交场合中，哪些话是不可轻易问的呢?

1.别探询对方公司

在一场活动中遇到某人，他自我介绍时说在某家公司工作，这时千万不要轻易问对方“你的公司做什么”，也许这项活动正是他们公司举办的，你要是不知道就尴尬了。如果不熟知，最好也不要说“听说你们做得很好”，也许对方这季度的业绩掉了三成呢！不如问问对方“你在公司担任什么职务”，能够参加活动的人，职务一定不会太低，这一问也许正是不着痕迹的讨好。

2.别问“为什么”

如果和对方交情不够，就不要问对方“你为什么那样做”“你为什么作这个决定”，否则会有责问对方、探人隐私的意味。如果你真的好奇或者想知道原因，不妨请教一番，“我能知道您当初是考虑到哪些因素，才作出这样明智的决定吗？”“您当初是出于怎样的考虑，才这样做的？”“我想请教一下您的思路是怎样的。”更有技巧。

3.对陌生人不宜多问

碰到曾经见过面但交情不深的人时，绝不要说：“你还记得我吗?”不是每个人都认识你，记得你，万一对方想不起来，就尴尬了。最好的方法还是先自我介绍：“你好，我是某某，真高兴又见面了。”这样说既不会让别人觉得尴尬，还会让别人很感谢你的考虑周到。

不能冒昧地问对方的隐私

在生活中，每个人都有不愿意让别人知道的事情，即我们平时所说的个人隐私。千万不要小看这个人隐私，即便连一个小学生也有自己的隐私，如自己的成绩、排名，那成年人的个人隐私就更多了。

一般而言，一个人的收入多少、年龄大小、健康状况如何，这些情况往往是不愿意随便告诉别人的，冒昧地问人家这些问题，很有可能会让对方认为是侵犯了自己的隐私权。每个人都有尊严和隐私，我们在日常沟通时一定要注意这个问题。

苏苏是出了名的大嘴巴，她总喜欢追问人家："工资多少？""你今天干什么了？""昨天看你眼睛红红的，怎么了？跟老公吵架了？"然后，她就跟自己的好朋友分享这些"新闻"，内容无外乎谁又离婚了、哪位同学又傍了个大款、谁的老公在外面又有外遇了。苏苏总是热衷于这样的话题，似乎看着别人家庭的不幸就是自己最大的快乐。只要一有风吹草动，苏苏就急忙约上闺蜜一起谈论这些事情，并在一起进行讨论、分析。

有一次，苏苏在外面喝茶的时候，偶然看见办公室同事美琳的老公正与一位年轻貌美的女子喝茶。苏苏想起美琳平时总是心高气傲，还逢人就夸自己老公如何如何能干，现在看到她老公做出这样的行为，苏苏不禁暗暗发笑。次日上班的时候，大嘴巴的苏苏就跟办公室的同事分享了这一"新闻"，正在大家说得津津有味的时候，美琳脸色阴冷地走了进来。原来，美琳在卫生间的时候，正巧听到了苏苏跟同事说起这事，到了办公室，又听见苏苏更加放肆地谈论此事，本来心气就很高的美琳怎么能容忍整个办公室的人都在谈论自己老公的桃色新闻？

美琳当天就请假回家了，之后一直没有来上班，有人说她辞职了，也有人说她离婚了。而办公室的同事看见美琳的遭遇都对其抱以同情，而对总打探他人隐私的苏苏就开始敬而远之了。

像苏苏这样喜欢打探对方隐私的人，无疑会让身边的人感到憎恶。一个人如果不善言辞，人们只会觉得无趣而不会对其厌恶；如果一个人总是口若悬河，满嘴流言蜚语，总想打探对方的隐私，那身边的人只会对其敬而远之。

在现实生活中，许多人说话不经过大脑思考，只图嘴巴痛快，常常“语出惊人”，踏入“雷区”，最后导致了整个沟通的失败。其实，善于询问并不是一件很简单的事情，那将意味着你所提的问题能够令对方乐意接受，而且，你的问题能够巧妙绕过险境，直入对方心里，继而与之建立融洽的人际关系。沟通是双向的交流，它的成败不取决于你说了什么，而是取决于对方的反应，对方不乐意回答你的问题，那你说得再多也没用。所以，为了让对方乐意接受，我们在说话时需要避开隐私话题，把“危险语”吞进肚子里，如此体现出自己的尊重，同时，也能有效地打动人心。

嵇康在《家诫》一文中，告诫后代不要打探别人的隐私；不要轻易接受别人的遗赠。嵇康在文中说，每个人都有公事和私事，千万不要打探别人的隐私。因为假如对方知道我们知道他所知的东西，就会对我们有所忌讳。

在生活中，即便我们无意中知道了对方的隐私，也不要大肆议论。不少人往往只图一时的痛快，只是为了满足自己内心的虚荣心，就开始无所顾忌地大发言辞。至于自己所说的话会给他人带来一些什么样的伤害，他根本不会理会，更不会担心所带来的后果。于是，在茶余饭后，在工作休息的短暂时间里，他们就开始结群搭伙地海聊开来。他们所谈论的话题无非是谁即将升职了、哪个主管又有了新欢、隔壁部门新来的同事有什么特别的怪癖等一些有关于他人隐私的话题。在他们看来，这些话题可以缓解工作带来的压力，也可以满足自己内心的欲望。他们以他人的是非话题作为自己的谈资，以谈论他人的隐私、伤疤作为自己的快乐。

每个人都有不愿意公开、不希望别人知道的事情，这些事情被称为隐私，隐私往往关系到一个人的名誉和尊严。所以，我们不仅不能有意地去打听、窥探别人的隐私，即便无意中发现了别人的隐私，也绝不能张扬，这是对人最起码的尊重。

1.不问隐私

隐私就是不可公开或不必公开的某些事情，有可能是缺陷，有可能是秘密。因此，我们在进行语言交流的过程中，需要避开彼此的隐私，这既是一种礼貌，同时，也可以很好地保护话语的“安全性”。

2.别装懂

我们并不是万能博士或者百事通，即使自己知识渊博，也总有一些地方不如人，总有不懂得的一些知识。因此，无论是面对有教养有知识的人，还是面对一个目不识丁的人，我们都应该谦虚谨慎，不可妄发言论。

3.避开一些忌讳

在沟通过程中，我们需要避开一些忌讳，如关于“死”的避讳语，“棺材”“寿材”等等；如对方的生理缺陷，“残疾人”；如一些不雅的行为词语，“大小便”等等，这些词语都是需要避开的。

对方的苦衷，不宜多问

有时候我们应该学会了解对方的苦衷，对于某些话不要开口问，因为你即便是问了也问不出个所以然来，而只会让对方觉得你是一个不善于交流的人。最成功的倾听者，知道自己什么时候该认真听，什么时候该开口问，该问什么，不该问什么，这些方方面面都能够拿捏准确。他会让说话者觉得，他就是一个贴心的听众，能够及时地照顾到自己的心理。而对于我们来说，倾听对方说话，也需要达到这样的程度。

有时候，对方会向我们倾诉内心的苦闷，发泄内心的情绪，这时我们只需要做好一个听众的本分工作——用心倾听、用心理解就行了，对于对方内心的某些苦衷，最好是不要开口询问。毕竟每个人都有自己的秘密。对方有自己的苦衷，他不想也不愿意将这些苦衷告诉任何人，即便你是他最信任的人，他也不会开口对你说，因为某些事情只适合隐藏在心里。所以，在日常沟通中，我们需要了解对方的苦衷，对于一些话不要问。

公司的董事长已经年近60岁了，但他对公司里的大小事情都是亲力亲为，每天按时到公司报到，视察车间工作，关心员工，等等。每每看到这位慈祥的老人，员工们都感到一种莫名的感动，尤其是在董事长身边多年的司机老王，因为这么多年以来，他一直待在董事长身边，亲眼看到了董事长经历了许多事情，私底下，他与董事长就好像一对老朋友一样。

车子平稳地行驶在宽阔的马路上，董事长突然开口说："老王，你知道最近员工们都在议论什么吗？"老王摇摇头，其实他当然清楚，最近，公司里的许多员工都在议论：为什么董事长这么大年纪了还亲自管理公司？好像从来没看到过董事长的接班人？董事长感叹一句："我那个不孝的儿子，也不知道到底要折磨我到什么时候，我已经没有力气接管这个公司，可他一直在国外，不肯回来，我也没办法。"

老王当然知道，董事长所说的不孝子，也就是公司未来的接班人，但多年以前董事长夫人过世，少爷对董事长充满了怨恨，大吵一架后，一气之下去了国外生活，这么多年，虽然董事长亲自过去看他，请他回来，但他性子太倔强，一直不愿意回来接替董事长的位置，这也是董事长一直忧虑的原因。但老王并没有开口问，也没多说，只是安慰道："或许，有一天他想通了就会回来了。"

案例中，当公司里很多同事都在议论董事长家里的事情时，多年跟随着董事长进出的司机老王自然知道其中的秘密，但他知道这是董事长内心的苦衷，因此当董事长问到的时候，老王假装不知道，他不是真的不知道，而是怕勾起董事长内心的牵挂。后来，董事长主动说到了自己的儿子，司机老王也没有多问，只是说了一句安慰的话，因为他明白，他只需要理解董事长的苦衷就够了。

这天中午，小张去办公室向经理递交文件。就在经理正在看文件的时候，小张随口说了一句："最近也不知道小李怎么了，工作也没精神，今天早上竟然破天荒地迟到了。"经理头也不抬，应付道："估计是他自己出什么事情了吧，调整调整情绪，应该很快就会恢复正常工作的。"

小张听了经理的话，并没有停止说话，而是越说越起劲："也不知道出什么事情了。好像我听说是跟女朋友闹分手，其实我们一起工作一两年了，我也多多少少了解他跟他女朋友的情况，两人大学就开始好上了，但大学毕业后，现实问题就摆在了面前，房子、车子、钱，这些都是问题。小李跟我一起进的公司，那会跟他女朋友感情还很好呢，结果不到半年，就听闻说有个富二代在追他女朋友，刚开始，他女朋友坚定拒绝，可后来，兴许是被这个世界迷惑了，竟然决定要和小李分手，这不，小李这两天正痛苦着呢。"

经理已经看完了文件，签了字，但他有注意到小张所说的话，经理似笑非笑地看着小张："看来，你在办公室人缘不错嘛，同事的事情你都弄得一清二楚。"听到第一句话的小张还笑呵呵的，但听到第二句话，他脸红了，这才意识到自己不该在领导面前说小李的这些事情，现在，领导算是对自己有看法了。

通常情况下，那些随意说同事的事情的下属，在领导面前，无非只有两个标签：说三道四、不可靠。如果你连自己的工作都没做好，就去说这些事情，那领导更有理由责怪你："不好好工作，却乱嚼舌头根子。"到时候，只会让领导心生厌恶。

在日常交际中，人们总因为事业或生活遭遇一些烦心事，如事业遭遇瓶颈；家庭不和睦；儿女升学出现问题；等等。通常情况下，人们总会将这些事情埋藏在心底，不愿意被人知道。当然，有时候，人们也会因心里太过苦闷，而向身边的人吐露几句，以解内心苦闷情绪，这时我们作为听者，应该善于了解对方的苦衷，对于一些问题，不宜多问。

不问对方的短处或软肋

我们都知道，人体有许多要害的部位，甚至有些地方一旦受到了重击就会危及人的性命，如软肋。什么是软肋？软肋就是别人的短处，或者是别人最不愿意提到的话题，那些事情就是当事人身体里最脆弱的肋骨。在生活中，可以说每个人的心里都有那么一根不想被人伤及的软肋。就好像每个人都有软肋一样，其实每个人都是有缺点的，难以做到十全十美，在他的工作或生活中，总会出现一些缺憾。

在日常交际中，大多数人最不愿意和别人提到的就是自己的缺点和短处。每个人都想在人前保持完美的形象，不允许任何人来为自己的形象抹黑，尤其是说到自己的短处或软肋。

所以，在日常交际中，询问应该遵循以下原则。

1.可以适当地开玩笑，但是不能以讽刺他人为目的

玩笑话一般能起到活跃气氛、缓和人际关系的作用，但是有些人在开玩笑的时候不懂得适度的原则，喜欢讽刺、攻击、责怪他人，尽管可能会引起短暂的笑声，却给被嘲笑者的心理上留下巨大的阴影，甚至会造成一些意想不到的后果，让本来十分宽松的气氛显得过于紧张和难堪。

2.千万不要拿别人的短处来说事

在社交场合总有那么一些人，喜欢用别人的生理缺陷和生活缺陷来当谈资，作为炫耀自己的一种方式。比如，说些“你的头上没有头发，是不是想无法无天啊”“你那几个月不洗的臭脚可以熏死一屋子人啊”等等，这样就会让别人对他产生很大的厌烦情绪，从内心里也不愿意和这种人打交道。

无论什么人，心中都有善恶，都需要颜面，假如你能既指出对方的错误，又能保全他人的面子，那么对方也同样会用善意来回报你的好心，从而皆大欢喜。我们应该记住：无论在哪里，攻击对方的软肋，谈论对方的缺点，那都是致命的错误，它可以直接导致沟通失败。

静坐常思己过，闲谈莫论人非

古人曰：“静坐常思己过，闲谈莫论人非。”意思是，沉静下来要经常反省自己的过失，进而以是克非、为善去恶；闲谈的时候莫议论别人的是非得失，这是儒家倡导的道德修养的重要方法。在日常工作中，我们要让对方觉得自己可靠，或者想做拥有到良好的性情修养，就应该谨记这条古训，尤其是后半句——“闲谈莫论人非”。不可否认，每个人内心深处都有一定的好奇心，尤其是对于别人的隐私更是有一种窥探的欲望。

有的人甚至在工作中有一个奇怪的爱好，那就是打探他人的隐私，实际上如此的举动是危险的，一旦对方知道你在打探他的隐私，那么他会一下子把你划入黑名单，并认为你是不可靠的人。因此，在倾听他人说话时，不要好奇地去打探对方的隐私，而是应专注于听对方说话。

当然，通常来说女员工喜欢谈论是非，或是打探隐私，但在现代这个社会，不少男员工也会有这样的癖好，一旦发现对方的隐私、秘密，就会欲罢不能。他们在与身边人沟通时，会好奇地问这问那，就好像总喜欢问“为什么”的小学生一样，但我们应该知道，他人没有权利对他们的询问作出一一的解答，尤其是对于隐私方面的问题，他非但不愿意回答，反而会对提出这样问题的人心生不快，觉得这样的人根本不是值得信任的。

下班的时候，天空正下着瓢泼大雨，女职员小娜正踌躇地站在公司门口，不知道如何回家。早知道今天下雨，就应该带伞在身边，现在这样，怎么回家呢？正在小娜担心的时候，部门主管走了出来，小娜像见到救星一样走了上去，问道："主管，你有多余的雨伞吗？"主管皱皱眉，回答说："我从来不带雨伞，不过，你不是住在东大街吗？我可以顺路把你捎回家。"小娜感激地点点头。

坐在车厢后座，小娜的话匣子就打开了，问道："主管，听说你们在江边还买了一栋别墅，是真的吗？肯定好几百平米吧，那样的房子可是我努力几辈子都住不上的啊，我可真羡慕你们这些有钱人。"主管笑了笑，没说话，早就听闻这个小娜嘴巴比较"大"，真没想到确实厉害。

停了一会儿，小娜问道："可是，那个，你老婆回来了吗？"小娜之所以这样问，是因为最近办公室所谈论的话题都是主管正与老婆闹离婚，而且这个消息就是小娜传出去的，因为有个玩得好的朋友在民政局那边，竟然看到了他们一起去办离婚手续，不过最后没办成。喜欢打探别人隐私的小娜很想知道最近情况怎么样，所以这样问了一句，没想到主管脸色一下子黑了下来，没说话。小娜从车后镜看到主管的脸色，才意识到自己问错了问题，但她已经不知道该如何弥补了。

听闻主管在闹离婚，而好奇的小娜竟然问出了这样的问题，也难怪主管的脸色会一下子变得铁青。对于领导来说，他非常欢迎下属询问自己关于工作上的事情，但若是询问到其家里的事情，除非他主动开口说，否则他会有一种被侵犯的感觉。当然，跟任何人一样，领导对于向自己打探隐私的人从来都是厌恶的。

在社交场合，打探别人的隐私是一种很不礼貌、很让人厌恶的行为这会让对方感觉到不受尊重，同时认为你是缺乏修养的人，一旦对方对你道德品质产生了疑问，那他在其他方面同样会对你持怀疑的态度。

1.三思而后问

我们应该记住：在工作中要做到谨言慎行，该问的话要“三思而后问”，不该问的话千万不要随便乱问，尤其是对于他人的隐私、秘密，更需要谨慎对待。即使是无意中听到了他人的秘密信息，你也不要到处张扬，每个人都需要有一个自由空间，你的尊重也会换来他人对你的信任。

2.勿谈论他人是非

在办公室里有这样一群人，他们以他人的是非话题作为自己的谈资，以谈论他人的隐私、伤疤作为自己的快乐，在背后谈论他人来满足自己的口欲。这些人不仅喜欢刺探同事的隐私，还到处打探领导的隐私，这些人都是令人憎恶的，当然，他们在工作中也做不出什么成绩。

第12章

询问社交大法：通过询问建立良好的人际关系

有社交就有沟通，有沟通就需要询问。在日常交际中，我们要擅长各种社交询问方法，询问或许十分简单，不过这也是一门学问，有效询问，可以十分容易地打开对方的心扉，从而让彼此的交情进一步加深。

花式询问，了解对方在想什么

在沟通过程中，适当巧妙地问话，可以发现对方的真正意图和需要，进而通过协商解决，巧妙的询问对谈判成功起着至关重要的作用。当然，对方也会故意回避你的直接询问，以隐藏自己的真实底线，所以当问题可能涉及对方的底线，或者不方便直接询问时，就必须要运用各种技巧和方法，以期获得多种信息，了解到对方真正在想什么，谋求什么，或者真正的底线在哪里。

在日常沟通中还可以运用哪些巧妙的方式进行问话呢？

1.投石问路法

在没有摸清对方虚实的情况下，为了避免因对方拒绝而产生的难堪，不妨先设一个较虚的问题，投一颗问路的石子，以探听对方的虚实。

某推销商想要把自己的产品销出去，但又怕对方直接拒绝，一般他不会轻易问“你要不要”，而是会婉转地问：

“您看产品的性能还不错吧，能评价一下吗？”或者：“您对我们的产品有什么不满意的地方吗？”“您看价格怎样，您愿意付多少钱？”

这一系列的问题往往能够引导对方回答问题，继而剖析出对方真正对产品的哪方面不满意，是否有购买意图，进而找出理由说服对方，促成谈判顺利进行。

2.迂回探询

不直接对话题所涉及的问题询问，而进行旁敲侧击的询问，继而找出对方的真实底线，再进行谈判，就能够掌握主动权，让谈判更有利于自己。

A公司需要购进一批机械，当价格谈到每台32万美元时，对方代表示意已经到了自己的底线，否则就只好放弃这次机会了。这时，A公司的谈判代表不再继续就价格进行谈判，而是拐弯抹角地询问零件的消耗状况，以及每个零部件和主机如果出现损坏、单独购买的价格，结果核算起来组装一部这样的机械只需要26万美元。这时谈判代表掌握了他们的底线，对方也慌了神，最终以每台27万购进，节省了大量资金。

这种迂回间接的询问方式可以先让对方放松警惕，缓冲谈判中那种剑拔弩张的气氛，继而奋力一击，往往能够达到更好的效果。

3.条件性询问

条件性询问也可以称作“假设性询问”，即把沟通的问题作为假设条件，从对方的回答中确定对方更在意什么，和己方有哪些共同需求，获得对方的真实信息。通过这些问题往往能够从中剖析出对方可能作出的让步，继而掌握主动权。

在日常沟通中，掌握询问的技巧可以让你获得大量有用的信息，掌握对方的真实意图，更有利于我们占据沟通的主动权。

有些问题诸如：“你们认为两年的合约怎样，还有其他想法吗？”这种有重点和条件的问题，往往意味着试探对方在提出的条件方面是否关心，比如，对方回答“如果改为合作三年就更好了”，则说明对方更关心长期合作，如果对方没有反应，则表明其对期限并不在意。

简单询问，促使对方多说

每个人天生就有一种欲望，那就是喜欢说话，喜欢表现自己，好像自己无所不知，上知天文下知地理，他们以为这样就可以起到震慑作用，就可以成功地说服对方。实际上，现实情况完全是相反的，没有人会喜欢一个喋喋不休的人，他们所喜欢的都是表现自己。所以，那些擅长询问的人，总会小心翼翼地询问，毕竟他们明白自己说得越多、问得越多，那自己暴露的信息就越多，就越让人不喜欢。所以，在某些不必要的时候，他们总是通过简单的询问来促使对方多说。

美国成功学大师卡耐基曾说："在所有的一切烈火中，地狱魔鬼所发明的狰狞的毁灭人际关系的计划，滔滔不绝是最致命的。它就像是毒蛇的毒汁般，永远侵蚀着人们的生命。"列举一个生活中常见的例子，假如你去商场买一双鞋子，这时售货员在旁边不停地说这个牌子怎么样、销量如何、质量如何、如何受人欢迎等，相信这时你尽管表面上假装在听，心里却恨不得早点离开这个嘈杂的地方。

心理学家曾经作过一次调查，那些在推销过程中说得比客户还多的推销员，他们的成交率远远低于那些让客户多说的推销员。而且，说得越多，你有可能暴露越多，正所谓言多必失，假如询问者滔滔不绝，势必会出现一些过错。

1.提出相关的问题

比如，我们询问："你所面临的最大障碍是什么？"对方回答："资金不足。"这时我们可以接着询问："有解决资金不足的办法吗？"对方回答："可以银行贷款。"然后我们就可以问："银行贷款很难贷下来吧？"

2.保持真诚的态度

除了倾听，适时询问，最重要的是保持真诚的态度。如此，当我们不断提出问题而对方又心甘情愿回答的时候，我们就可以给对方留下非常好的印象了。

把问题问到对方的需求点上

交际其实很简单，和陌生人相处更是如此，通过一句简单的问候，表现出自己的热情、涵养和风度，让对方乐意和你进行交谈。小赵经常坐火车回家探亲，每次探亲十几个小时的旅途总是十分愉快的。因为他经常主动和周围的人打招呼交谈，"您好，您也是回家探亲吗？"或者说："您好，能不能把您的杂志借我看一下？"于是原本陌生的人聊了起来。别人眼里的枯燥路途，却成了小赵结交新朋友的一种方式，他和一些旅客在分手的时候互相留下电话，经常保持联系。

在日常交际中，“投其所好”通常被视为一个贬义词，当然，有的人投其所好是出于不可告人的目的，但是，如果是在正常的人际交往中这就是光明正大的。比如，对方喜欢绘画，那就通过仔细观察，然后以关于绘画的知识询问，通过对方的兴趣爱好愉快展开话题，使对方的心情变得愉悦起来，促进彼此的沟通交流。

察言观色，对症下药询问

我们每天都要和形形色色的人打交道，面对的脸色也是不尽相同的。无论是上司的脸色也好，还是同事朋友的脸色也罢，都要擦亮眼睛去观察，做到心中有数。看清楚了对方的喜恶之色，才能做到对症下药。如果忽视对方的心情而我行我素，就不免有出口成祸的尴尬。

心理学家认为，人和人之间的情感沟通，来自双方的共鸣。假如双方对同一事物有着相同或者相似的内心体验，那么就会产生共鸣。通常情况下，共鸣主要由两个方面组成：一是双方都感兴趣的话题，或对方想听的话；二是一方真心投入，用热情带动另外一方。当然，这种因共鸣产生的沟通也是符合吸引力法则的。满足感吸引更多的满足感，人与人之间的情感沟通决定着双方关系的亲密度，而情感沟通的要点就在于双方要产生共鸣。

一个人的面部表情是内心活动最真实的写照，表现出了一定阶段的喜怒哀乐。透过人的表情就能准确地掌握对方的内心波动和情绪变化，因此，在交际之中一定要学会察言观色的本领。不同的时间，不同的环境，每个人的心情也不尽相同，我们只有学会了察言观色，才能洞悉一个人的内心世界，说出对方想听的话，获得别人的信赖和尊重。

有一位年过花甲的老太太去参加一个聚会。她对自己进行了一番精心打扮，头发纹丝不乱，项链耳环都是经过了仔细的挑选之后才带上的，就连指甲上也仔细地涂上淡淡的色彩。但是因为年纪太大，满脸的皱纹和打颤的左手无法掩饰。

有一位年轻漂亮的女士对这位老太太有些轻视，向同伴们低声笑道："看这位老太太的脸和核桃皮似的，还要打扮成这样，岂不成了老妖精了么？"她的伙伴们听到之后，肆无忌惮地在客厅之中大声地笑了起来。这位漂亮女士的评价固然是没有错的，却让当事人听了感到不舒服。

老太太微笑着走了过来，尽管她的表情比较慈祥和善，但是张开涂着口红的嘴巴的样子实在是有点丑陋。她对这位年轻的女士说："漂亮的女士，实在是没办法，我已经患帕金森综合症两年了，无论怎么打扮都不能掩饰现在的苍老和丑陋。"

漂亮的女士一时间愣住了，不知道说什么好。她的心里在为刚才的失言而懊悔。

老太太又说道："其实我知道我的装扮很显眼，但是我又不想怠慢和我见面的人。在我很小的时候我的母亲就教育我说要用合适的装扮表示对别人的尊重，这些年来我一直不敢忘记这条原则，因此也得到了朋友们的认可。

漂亮女士愕然了，脸上有些发烧，对这位老太太也肃然起敬，向她表示诚恳的道歉。两个人开始了友好的交谈，在聚会结束的时候，两个人好像相识多年的老朋友一样握手告别，依依不舍。

每一个人都希望得到谈吐优雅的评价，而不愿意让人嘲笑为花瓶，当然，在这个案例中，漂亮女士并没有说出老太太想听的话。有着好口才的人，就会产生吸引人心、无法抗拒的力量，这种力量却并不是漂亮的外表所能具有的。在生活中，我们对于漂亮的女人只是感到短暂的赏心悦目，而对于善于言谈的人却能深深地铭记于心。漂亮的容貌只是外表，引起的不过是感性兴奋，而口才则是来源于内心，内在的东西才更能打动我们的灵魂。

1.从对方回答中找出有价值的信息

在对方回答问题之后，我们可以从回答中找出有价值的信息，然后就不停地就这个信息询问对方，让对方感觉自己被重视，引起对方的共鸣，并给予他满足感。比如，“你刚才说到……能再多说一些关于这个的消息吗？”“你是否帮我回顾一下，究竟发生了什么？”“你能就你刚才提出的观点给我一个具体的案例吗？”

2.掌握询问的时机

哪怕你有急事需要对方帮忙，也要缓一缓，等到对方的心情平和之后再去商谈，这才能取得好的结果。否则的话，对方正处在怨恨烦恼之中，你却不识相地凑上前去，对方很可能就会迁怒于你，让你下不了台，甚至自取其辱。

在江海之中航行，顺风行船是很重要的，在人际交往上，也要注意避免顶风而上。无论对方是你手足般的兄弟还是知心换命的朋友，都不能因为彼此之间比较亲热和熟悉就忽略了察言观色的必要性。

幽默询问，让对方在笑中领悟

一位青年被一位贵族非常看重，为了可以和这位青年拉上关系，贵族便说："我有个女儿，十分好，情愿许配给你。"听了这句话，青年深深地鞠了一躬，回答说："我出身贫寒，能够攀附高门，当然非常荣幸，等我回家和妻子商量一下，怎么样？"当沟通出现障碍的时候，这位青年幽默地表达了自己的想法，这样既不会得罪这位了不起的贵族，而且他所提的问题也会让这位贵族对他更加器重，虽然这位青年拒绝了他，但贵族不会感到生气，只是会感到一种惋惜。

约翰是一位著名的记忆专家，据说，他有一套独特的方法来与听众打成一片。比如，他经常会在会议或演讲开始之前向来宾们一一问候致意，请教他们的尊姓大名。然后，在会议或演讲结束之后，约翰再一一叫出每个人的名字。假如他记错了，那就付5美元给那个他忘记了名字的人。不过，通常情况下，约翰都不允许自己出错。对此，那些经常听他演讲的人对他的记忆力真是又困惑又佩服。

但是，有一次，他遇到了一点小麻烦。正在他演讲的时候，坐在大厅前排的一个小伙子不等他解释完培养记忆力的问题，就站起来大声说："约翰先生，你怎么会记住这么多名字呢？"约翰回答说："先生，我可以用三个字来回答你的问题——用、大、脑！"结果，那小伙子还没喘一口气，立即说了一句："那是我的想法，而你用的是什么呢？"

约翰差点被问倒了，不过，他毕竟是一位机智的人，他几乎不停顿地说："我说的大脑是指脚后跟，明白吗？脚、后、跟。"顿时，下面的听众笑得前仰后合。

当沟通的管道遭遇阻碍的时候，我们就需要想办法疏通管道，让沟通得以继续进行。在这个案例中，假如约翰真的被问倒了，像一只木鸡呆站在台上，那么他这个记忆专家就要贻笑大方了。

在生活中，我们都有这样一个常识：当下水道遭遇阻碍物的时候，我们所想的办法是软化阻碍物，这样才可以疏通管道，使管道正常运作。在日常交际中，其实也是一样的道理，我们需要用一点特别的办法让对方接受这样的疏通管道的方式，而幽默恰恰是这样一个绝妙的办法，因为幽默，我们总是会轻而易举地化解尴尬或难堪，让和谐的气氛重新回到我们身边。

可以说，幽默询问为沟通疏通了管道，从而让彼此之间的交流畅通无阻。在日常交际中，当我们与他人沟通的时候，难免会遭遇阻碍，这时假如我们可以幽默一下，那就可以为沟通疏通管道，让双方之间的交流更加和谐。

参考文献

[1]尼尔·布朗.学会提问[M]. 北京：机械工业出版社，2013.

[2]李劲.提问的艺术[M]. 北京：中华工商联合出版社，2015.

[3]吴琦.会提问[M]. 北京：人民邮电出版社，2017.

[4]粟津恭一郎.学会提问[M]. 北京：北京联合出版有限公司，2017.

[5]高飞.提问的逻辑[M]. 武汉：湖北科学技术出版社，2018.